10|18

12, avenue d'Italie — Paris XIIIe

TESTAMENT PHONOGRAPHE

PAR

LÉO FERRÉ

10|18

« Musiques & Cie »
dirigé par Jean-Claude Zylberstein

LA MÉMOIRE ET LA MER

ISBN 2-264-03327-4

Je vivais dans une sorte de malédiction confortable. Je m'étais arrangé pour ne rien laisser paraître jamais ni de mes angoisses, ni de mes envies, ni même de mes vœux les plus secrets et qui eussent risqué de me laisser en mauvaise posture devant tel ou tel de mes contempteurs. Je vivais masqué. Je veux dire par là, cette cire commode dont on se peint le visage et, bien mieux, les sentiments, dès qu'on se sent traqué, soumis des fois, et au mieux, vaincu. L'indifférence confine à l'insouciante optique de tout ce qui peut être regardé, ou même vu de biais, en douce, en rupture de courtoisie. Les voyous ne sont pas tous enfermés dans les prisons. C'est une idée reçue. Il en est qui vaquent en toute tranquillité dans les salons, dans la rue, dans les ministères. L'orgueil de ceux de ma race est trop évident pour qu'il soit nécessaire de se démasquer le moment venu. Le moment est toujours là, présent, indéniable. Je savais que je n'en sortirais jamais de cette brume visqueuse que je prenais plaisir à faire tâter autour de moi à qui voulait bien, et dont je disais qu'elle était tout mon sentiment. Je vivais. Et maintenant, je vis.

Seul.

TECHNIQUE DE L'EXIL

C'est à trop voir les êtres sous leur vraie lumière qu'un jour ou l'autre nous prend l'envie de les larguer. La lucidité est un exil construit, une porte de secours, le vestiaire de l'intelligence. C'en est aussi une maladie qui nous mène à la solitude.

J'habitais avec des hommes. Aujourd'hui, je m'en soucie, de loin, et quand je marche, seul, dans mes pattes foulant l'herbe j'entends des musiques militaires ou je vois le Spectre de la Rose et le devoir d'oiseau de Nijinsky. Une trappe ça s'invente, ça s'apprend. Dans ma trappe aujourd'hui, je vis avec une population car je suis devenu la population. Il suffit qu'un berger passe, avec son troupeau, pour qu'aussitôt je m'identifie au spectacle de la laine bientôt tondue, aux effrois de l'égorgement, aux fourrures prolétaires, aux protestations syndicales, aux carêmes chiffrés. Dans l'association de pareilles idées il y a ce mouvement irréversible de la pensée qui nous domine, ce déroulement totalitaire qui nous soumet à ce qui n'est pas nous, aux mots-pensées qui ne sont pas nos mots, aux racines imposées qui remontent aux calendes indo-européennes et qui maintiennent — au bord de ce que nous voulons bien croire être notre libre arbitre — le psychisme barbare dont nous sommes encore les dépositaires.

L'exil est une forme de la réflexion. Les philosophes connaissent bien cette solitude de la méditation qui est un exil à portée de conscience. Derrière le regard de certains hommes j'ai vu quelquefois ce silence que rien n'altère, — et dans « altère » il y a « autre » comme un déterminisme socialo-bourgeois qui m'empêchera toujours d'être tout à fait un exilé.

Si je regarde, je reste seul, j'instruis une image, je suis une machine à perception. Si je contemple, je suis dans l'objet contemplé, donc, regardé. Je ne suis même plus dans le regard, les pôles ont changé. C'est l'objet qui me regarde. Je suis une pierre et, dans mon exil lapidaire, je suis à merci de qui me signifiera que je deviens jouet ou arme de lynchage. Nous sommes en définitive des objets à déplacer pour le confort du regardant.

Quand on ira plus vite que les voyages nous en aurons terminé avec nos manies déambulatoires. A ma table, assis, je déambule encore par le canal d'un atrium littéraire où je m'use et où je me complais dans cet offertoire où la vanité du verbe le dispute à la fragilité de la connaissance. Je cherche un exil statique, sans yeux, sans mains, sans rien qui m'attache, et ma conscience lacée comme un soulier marche dans le vocabulaire. Je cherche une pensée sans image, sans mouvement, sans mot.

La grande misère du langage, signifiée à Rimbaud qui trouvait une couleur aux voyelles, nous contraint à une forme de pensée stéréotypée, une pensée « maître d'hôtel » des mots. « Je trouvais une " odeur " aux voyelles » pourrait encore dire Rimbaud, A vernis, E menthe, I charbon, O foin, U éther. Et les consonnes ? On pourrait leur trouver un relief, une matière. B gras, C diaphane, D osseux, F papier bible, ou bien des sons, des fréquences d'oiseaux, des graves moelleux, un médium tranquille. L'alphabet passé par tous les sens. Rimbaud le prévoyait. Alors, nous pourrions peut-être entrevoir une littérature d'Unique. La littérature sans mots. Une littérature qui se mangerait, qu'on respirerait, qu'on verrait, qu'on toucherait, qu'on entendrait. Alors pourrait commencer la vraie solitude, ce pour quoi nous vivons : vivre dans les grandes largeurs, en face de problèmes simplifiés par des moyens d'appréhension originaux. Il faut que je puisse me regarder dans la fontaine sans faire de littérature. Or, j'en fais.

Dans l'exil du miroir je fais de la littérature. Je suis une double question, un double désespoir. J'entre dans la légende de Narcisse. Je me poursuis. Je m'adopte. Je m'adore et je me tue. Quand je quitte Valéry je me coiffe et surveille mes tempes. J'éteins la lampe et j'y vois autant que dans un miroir à la Vermeer, la nuit. Un tableau dans la nuit n'existe pas. Un miroir non plus, ni moi. J'ai besoin du jour, de cette lumière qui se casse et qui me reflète un cadeau, une photo mouvante dans laquelle j'imagine être un autre me regardant. Si je me lâchais dans cette eau inventée, si je me voyais partir dans le fond de cette métaphore, pour n'être plus qu'un vouloir de réflexion, alors s'arrêterait mon temps d'homme pour que commence un temps plat, le temps de l'exil absolu : je verrais « rien » puisque je suis « rien ». C'est dans cette pauvre aventure de voyance qu'il faudrait chercher la cause à notre besoin des Autres. Nous nous voyons en eux. Nous regardons toujours plus ou moins dans la foule, dans la rue déserte, dans un inconnu, une doublure. Cette putain qui me croise et qui me hèle, que suis-je d'autre pour elle sinon une fraction de sa prochaine fourrure, son café crème à croissants, sa note de gaz. Quand elle me voit je suis la nuit, je suis dans son domaine. Autrement je suis elle. Elle couche avec elle. Elle couche avec sa petite métaphysique de désespérée trottinante, enfin, quand je lui fais sa métaphysique... Elle, sinistrement, ne fait que ses viscères. Les gens qui travaillent avec leurs mains, avec leur corps, ne se cherchent pas de doublure. Ce sont les lucides, les poètes qui veulent entrer dans les autres, parce que ce sont des exilés. Alors, ils partent, ils partent...

Les départs sont des répétitions de la mort : Quand, au bout du quai, le train roulant déjà vite, on perd de vue l'être qui agite son fanion mouchoir, il se passe quelque chose, comme un bris de l'âme, et l'on entre dans le coma de l'absence qui est une mort figurée. A l'enterrement de l'exilé, l'exilé marche devant. C'est un mort debout, alimenté, en instance. Je n'aime pas les ports, ni les gares, ces antichambres du néant. Le partir n'implique pas la distance. Le partir c'est de l'imagination.

Que vaut-il mieux ? Que tu sois à dix mille kilomètres de moi, que je te sache vivante, t'aimant, alors que tu m'as quitté, ne m'aimant plus, ou bien que tu gises au cimetière, moi habitant l'hôtel tout proche, et t'apportant des fleurs, et te parlant comme on parle aux choses, devant la définition même de ta condition de morte, ce silence pourri ? Je préfère te savoir à dix mille kilomètres de moi. Tu t'es certes extirpée de moi, tu m'as trompé pour « faire » du conflit mais moi je reste pour te « faire » du remords. L'exil que tu m'as fabriqué est une raison de m'exiler en toi, de te visiter dans les coins inhabités de ta mémoire et d'y pondre mon œuf. Je suis devenu le souvenir. Quand tu me passes dans ta visionneuse, c'est un faux de moi que tu vois, un moi de la veille. Les exilés ne vivent pas dans la mémoire. Ils vivent demain.

Pour m'exiler en Chine, il faudrait que ce ne fût pas la Chine, la vraie, avec ses chinois. Il me faudrait une Chine spécialement aménagée. La Chine, pour moi, c'est souvent à quelques mètres de ma maison. Les Champs-Elysées, la forêt vierge, la lune, le passé simple, rien ne m'étonne comme l'ennui, cet exil marginal, cette solitude habitée, cette permanence sentimentale dans l'absurde. Je parle de l'ennui métaphysique et non de celui qu'on peut réduire par la satisfaction du manque qui l'a provoqué. Cet ennui domestique, je n'y vois qu'une prolifération d'échanges économiques mal assortis. Quand il fond sur moi, je sors acheter des cigarettes et cela m'immunise un temps. Le tabac ? Il faut savoir lui parler. Le tabac est un amant, dans les prisons ou devant la page blanche.

Les philosophes ont un code. C'est pour mieux masquer leur indigence d'exilés. La méditation, voie de garage, est aussi une impasse. Au bout de la méditation, il y a une butée, ce désir de revenir et de rentrer dans le siècle. Les grands solitaires portent en eux toute une génération de refus qui peuplent leur cabinet de travail et, quand ils méditent, ils ne retournent pas dans le siècle. Dans le refus on dresse l'oreille, on ouvre l'œil et on reste dans le refus. C'est dans la négation que l'œuvre d'art s'engendre. Nier les couleurs, mettre du mauve dans ce qui ne paraît pas mauve et s'appeler Gauguin, voilà qui est du refus transmis. L'art. La liberté est un renoncement. La liberté s'apprend dans une pièce carrée, fermée. C'est de la pure négation. Si quelques fous n'avaient pas dit « non », contre toute évidence, depuis que nous roulons sous les saisons, nous serions encore dans nos arbres. L'évidence, c'est la seule préoccupation du pouvoir. Le soleil se lève à l'est, pas vrai ? Vous autres de l'affirmative, vous ne m'intéressez pas. Moi, je suis contre.

Je me propose, dans ma solitude définie, une morale non euclidienne. Le plus court chemin d'une pitié à l'autre, ce n'est pas une droite, c'est un sacré détour. Il m'importe que j'oppose à votre « oui » un « non » qui m'aille comme un gant ; il me faut ma pointure de « non ». Mon refus est à moi et je ne peux le partager avec quiconque. Ma qualité d'artiste m'inclinerait, pensez-vous, à vous persuader. Mais je ne tiens nullement à m'inscrire sur vos carnets de téléphone. Je ne suis pas de vos connaissances. Quand je me rencontre, je m'évite, tellement je vous ressemble. Je trouve que la Révolte même n'est plus de mise. La Révolte, c'est une façon de rentrer dans la Cité. C'est une vertu tribale, une arme défensive. C'est une négation de complaisance. La Révolte — comme le Désespoir — est une forme supérieure de la Critique, mais une critique silencieuse — informelle, diriez-vous, dans votre jargon de géomètres télévus — oui, informelle et monstrueuse, c'est pour ça que je ne la sors guère.

J'ai mis sur la table votre beau « revolver à cheveux blancs », André. Il est admirable. Il pourrait servir, savez-vous ? Il est là, tranquille, comme une bête tranquille aussi et qui attend le combat pour se mettre quelque chose sous la dent. C'est curieux, ce revolver qui se love sous le rayon de ma lampe. Il est juste derrière ma machine à écrire électrique. Il voudrait bien être électrique, lui aussi. Partir, comme ça, sous une simple caresse comme partent les caractères sous la caresse de mes deux doigts. Un seul doigt lui suffirait, juste un peu, sous sa gorge. Il meurt d'attente. C'est un vieux revolver, André, un très vieux revolver. Il meurt de vouloir être tiré « dans la foule, au hasard... ». Il veut vivre sa vie de revolver, il a besoin d'une présence manuelle. Il a besoin d'être fini. Or, ce n'est qu'un morceau de métal. Je pense pour lui à une poche, à une gaine ; ça lui ferait du bien ce contact du tissu tout chaud, du cuir. D'habitude c'est froid, un revolver, ça meurt de froid dans la littérature. La littérature, c'est le revolver des impuissants.

Rien ne m'irrite comme la parole incontrôlée, tant qu'elle est la parole. La dictée automatique ? Il faut avoir l'œil sur son profond magnétophone encore qu'on puisse tricher. L'inconscient a ses moyens de contrôle, lui aussi. Il a ses flics. Il a aussi Freud qui l'a pris pour une maison de tolérance. La maison libido, sacré repaire d'exilés...

Je ne vous lâcherai vraiment que le jour où, vous lâchant, mon lâchage n'aura pour moi aucune signification. Et c'est difficile. Il y a les larmes, les valises et le spleen, mot anglais propre aux terreurs anglaises et qui donne de l'accent à notre cafard. Les larmes se partagent, les valises s'échangent, se vident, s'aident. Le spleen se porte seul comme une croix de brume. Jésus avait beau jeu. Son père l'avait reconnu. Il savait qu'il pourrait rentrer à la maison la tête haute. Ma maison à moi se trouve dans une contrée non homologuée, dans une dimension copine, sans Droit, sans Religion, sans Métaphysique, avec, bien entendu, un Antidroit et tout ce qui se fait de mieux dans l'Anti. C'est là que j'y tiens les clefs de ma maison d'Anarchie.

Je ne dis pas que je suis seul. Je ne l'écris à personne, non plus. La chose épistolaire est affaire de fourbe. Je suis un objectif et ne tiens pas à être le malade quêtant la potion. Une lettre, c'est un peu une quête. Pourtant, j'aime le courrier. J'aime donner la potion, qu'on me la réclame par le canal de ce personnage pour moi mythique qu'on appelle le facteur. Le facteur m'apporte du mythe : cette parole dans son corset de page d'écriture où je surprends l'Autre dans toute sa glace. Une lettre est toujours pour moi une tragédie. Je n'y cherche pas le talent — Shakespeare m'écrit rarement — mais cette sorte de mise à nu encrée de l'âme et de la faim des gens — qu'elle soit biologique ou littéraire. Une lettre c'est un graffiti privé, une écriture obligée, une mise en scène. Ne pas ouvrir le courrier et l'entasser jour après jour, indemne, dans une malle du silence, comme le fit Satie. Génie de l'indifférence. L'indifférence est notre béquille à nous, les misanthropes.

L'œuvre d'art est seule. Le paysage que je regarde en ce moment, avec ses cymbales de soleil, parmi les arbres debout qui lancent leurs mains de branches à tout vent et semblant pointer je ne sais quel lieu géométrique, est une œuvre d'art authentique. C'est une œuvre de mon œil. C'est résolument incommunicable. L'œuvre d'art que l'on partage, le livre qui se propage à des milliers d'exemplaires, la musique qui s'emmagasine dans la cire, cette œuvre d'art est une concession. On est toujours la concession de quelqu'un ou de quelque chose. Chartres est une concession à la lumière qui perce ses vitraux et qui nous raconte une histoire colorée. Dans Chartres un silence est déjà marqué dans l'écho des voûtes. Chartres change à chaque seconde car le fuseau horaire qui fait le soleil et ses copains d'ombres et de lumières dévide le temps de la visite. C'est un peu comme mon paysage vu. C'est l'œil qui fait Chartres, à telle heure, à telle minute, dans ce treizième siècle qui n'en finit pas de se faire les yeux dans la vitrine d'en face. Chartres de la patine. Exil de pierres transfigurées.

Tout enfant chantaient en moi des symphonies. Cela montait du profond, de l'autre côté, avec une volonté de s'oublier aussitôt, de se finir en une sorte de goût de rien. Les idées fugitives ont un goût négatif. Cela vient d'un autre sens. Seul, dans le « faire », l'artiste rentre dans le rang par la publication. L'art finit par être une polycopie qui met le beau sur toutes les tables, dans la graisse des hommes qui bientôt chercheront d'autres sortilèges. Dans cinquante ans on n'écoutera Beethoven qu'après un reportage dans un journal à sensation. Un reportage sur sa surdité et sur l'ingratitude de son neveu. Il sera inaudible. Il sera « lu », électriquement. On n'écoute déjà plus la musique, on la laisse lire par le secteur de la Compagnie d'Electricité. Joli. La prostitution ça n'est plus une affaire de coin de rue. C'est une affaire d'Art. Les putains de la chose artistique devraient passer la visite. Encore que les morts, ça ne se visite guère. Et puis, ça ne coûte rien.

L'art littéraire est directement chez le consommateur. C'est un exil de compromis, entre la tour d'ivoire et le Café de Flore. Hugo, occultiste dérisoire à Jersey, exilé par destination, écrivait. Son exil me fait penser à celui des oiseaux. Ils partent et reviennent, affaire de confort thermique. Hugo à Jersey, oie sauvage, ne s'empêchait pas de crier par-dessus les flots, dans cette romantique transcendance qui fait de l'artiste exilé, du « politique », un enfant chéri des prostrés, des vaincus, des déracinés, de ceux qui lissent leurs poings au fond de la poche en attendant des jours possibles. Il est utile que les poètes fassent de leur départ un dogme. On trouve toujours quelque néophyte. La religion du départ, pour ceux qui restent, est un transfert qui fait de l'idole et de l'adorateur deux complices. La colère imagée, écrite, de l'un se mêle à la colère latente et non formulée de l'autre. Cela fait une chaîne de fidélité dont le dernier chaînon s'accroche au Panthéon dans un exil funéraire de première grandeur, un exil gravé. Hugo était dans l'homme jusqu'au cou.

L'écrivain est un homme de foule. Il s'engage, dit la philosophie présente. C'est un engagé unilatéral. Il signe sans savoir qui sera le partenaire de ses nuits d'insomniaque à cogiter le trouble et la générosité. Les impératifs sont agaçants. Je refuse de m'engager chez qui et pour qui que ce soit. Je trouve l'engagement, avec ses adhérences politiques, d'une banalité démagogique hérissante. L'écrivain, aujourd'hui, écrit dans l'autobus. Il « existe » dans son patron et sa victime, le lecteur, qui n'est plus l'hypocrite de Baudelaire, mais le client sollicité, arnaqué à la vitrine de l'éditeur en vogue, le gibier des bandes publicitaires. On lève un lecteur comme on lève un lièvre et l'écrivain se trouve du côté des rabatteurs, chien famélique ou gras, toujours la gueule de l'autre côté de la vitrine, le côté rue. La culture, cet amoncellement d'autrui est au « pressing », on la ravaude, on la repasse, on la comprime. On vous la met de force dans la poche. On encyclopédise le savoir. L'écrivain attend, à l'écurie, qu'on le sonne pour l'entraînement. C'est un silence qui le sonne : le silence des probabilités économiques, cette sorte de hasard sonore qui lui fait dresser l'oreille.

A l'engrais, le poète invente des nouveaux langages, le musicien aussi. Bientôt l'artiste sera prié de prendre son service le matin à telle heure, dans un bureau agencé selon son rang et son plaisir : quelque chose d'agreste avec jets d'eau, jeu d'échecs, cendriers électroniques aspirant des idées de cendres, piscine alimentée par du champagne factice parce que le factice c'est déjà de l'art. La solitude y est prévue rationnelle, visible de l'extérieur, fonctionnelle pour le rendement. On pourra « voir ». On saura que François Mauriac écrit avec un stylo-bille, un stylo-encre, un crayon. On connaîtra sa façon de tenir l'outil, dans le prolongement du bras, l'index saupoudrant l'idée force, le médius soutenant l'extraction de la métaphore, le pouce, à gauche, gardien de la rigide grammaire. On verra l'aventurier Malraux dans son aventure assise, le petit doigt sur la couture de ses cicatrices espagnoles. On verra les techniciens de l'imagination, en panne, se levant, bâillant, répondant au parasite téléphone, revenant à leur métier, pestant contre Proust et sa persistante présence dans les lettres contemporaines. L'engagement, ça sera un peu Tataouine.

Le poète dans l'homme jusqu'au cou ? Rodin, lui, était dans l'homme jusqu'aux mains. La sculpture est un dialogue. Le sculpteur n'est jamais seul. Il malaxe, et l'acte de toucher pour « faire » le dispense de toute vraie solitude. Le Bernin « faisant » l'extase de Ste Thérèse, on se demande combien cela lui a coûté, et dans quelle monnaie. La sculpture, art sexuel, ne se manigance qu'à deux. Les formes, le chemin de ronde selon le soleil posé ou incliné, les draps de marbre qui donnent de l'idée à l'esthétique, ce poids du vêtement à jamais enfilé, cette figure qui s'ombre d'une joie arrêtée, comme un plan de film qui fouillerait le millième de seconde, tout cela participe de cette exubérance de la matière trahie, cette matière devenue vivante et qui bouge sous la lumière, qui parle. Le sculpteur est père et mère à la fois. Glaise, marbre, pierre : il vit dans une maternité. Il transporte de l'humain. Il fait de la dimension. Il fait de l'amour qu'on touche. N'est pas seul qui veut...

Le peintre, lui, vit dans un tube. Depuis la photographie et ses images incontrôlables, il est devenu solidaire du spectre. Van Gogh, fou, à Arles, quand il sort de son tube, se coupe l'oreille. Entre les tournesols et le bordel, il y a une entremetteuse : la palette, cette frangine d'extase. C'est que le peintre vit dans un univers fini. Ce qu'il voit lui est étranger. Ce qu'il pense voir, dans l'exil du chevalet, voilà qui le retire du monde tout à fait, jusqu'à ce que les boursiers de l'histoire de l'Art s'en emparent pour en faire une valeur mobilière. Du tragique à l'économique il n'y a que le temps des larmes et la réflexion positive des marchands du beau qui violent les demeures solitaires des peintres.

Dans la lumière de soie de certaines estampes de Rembrandt, dans le lecteur illuminé de Redon, dans le fouillis divaguant du Samaritain de Bresdin, dans le premier état de la Notre-Dame interrompue de Méryon, il passe un peu de ce mystère du jour, de ce jour fabriqué avec du noir, qui fait du peintre-graveur un exilé au deuxième degré, un exilé dans le papier, dans la trame, dans le tréfond de la pâte. Ceux-là, on ne les montre pas trop dans les musées : ils font peur. Ils ressemblent à des filigranes.

Une dialectique de l'exil volontaire m'amènerait forcément aux confins du suicide. Mais on ne parle plus du suicide depuis Camus. Ce n'est pas « le » problème philosophique. Ce n'est rien d'autre qu'un crime retourné. Un crime négatif. Le remords qui m'en arrive par avance, comme une information d'avant le fait divers me tient quitte vis-à-vis de ce faux acte de nettoyage. Le suicide est un exil mis en scène, avec des tubes, des lettres et ces journaux du lendemain qu'on ne lira jamais. Tant qu'à être dans la Lumière, j'aime autant ne pas avoir à faire jouer les noirs. J'attends.

Je tiens que le suicide du terroriste sautant avec sa propre dynamite ou que celui du kamikase fonçant à bombes ouvertes sur l'objectif est un numéro de music-hall. L'ivresse d'avant le grand saut, ce suprême exil au-dessus du baril de poudre, cela fait partie des « variétés » du crime et je n'y crois pas. Je ne crois en rien d'autre qu'à une certaine tristesse, dans un matin de brume encombrée de toiles nocturnes des araignées orbitèles qui, telles Sysiphe, recommencent nuit après nuit leurs danaïdes tapisseries de gaze. L'inquiétante solitude de la Nature, à peine l'œil ouvert, ses arbres se serrant les uns contre les autres, emmitouflés dans l'espérance des oiseaux traqués, une fumée romantique et traçant dans le ciel tout proche un premier signe d'humanité, les pierres toujours recommencées dans leur graniteuse vanité, tout cela me traîne inlassablement vers cette mort des choses, des actes, de tout. Cette mort qui connaît seule, la technique de l'exil : la décomposition.

LE MOT, VOILA L'ENNEMI. Il n'y a pas d'arbre sans le mot « arbre ». Rien n'existe que je ne doive nommer. Par-delà les matins crispés de novembre, je pense à des étés de marmottes. Dans les soleils de givre de mon âme engourdie, je sue, mieux qu'au désert. Mon âme, ton âme. Si je ne puis nommer, je flanche. Les larmes ? Pourquoi les larmes ? Je suis né une métaphore au bec. Rien ne m'a surpris jamais que ma surprise n'arrangeât aussitôt en une scène ou deux de drame. Enfant, j'ai pris de la métaphysique au pis de ma mère. D'autres diraient du lait... Parlons-en de ce jus de principe. Au commencement était le lait. Moi, j'en reste au sceptre, aux sauces, à la sueur délicate qu'il m'est encore loisible de respirer aujourd'hui en reniflant sous moi. J'ai des aisselles barbues par où je pénètre dans le monde des obscurs, des hymnes, des jazz gras, des passions d'orthoptères. Lis-donc la vie de ces insectes, c'est rupinant au possible. Je vis multiple.

La poésie ? Un glaïeul qui se pique, un ventre de fille ovipare, un paradis sous une chaise, avec un œil de verre. Je tiens que la vie n'y passe au travers qu'à force de poignets, d'ombelles noires, de paquets d'alpague, de riz. Rien ne me blesse et tout sourd, objectivité comprise — pour le mal être, l'anti-droit et la marelle à coucous. Nous avons cent ans, dix mille siècles, un pourpoint, un jet de caillou, un paravent japonais. Pourquoi une voûte ? Je meurs d'une solitude gothique, architravée... Misère !

Un jour je te dirai pourquoi j'écris. La poésie s'arrange toujours ; il suffit d'être là, truelle en main et sueur suintant au soir, devant la soupe, comme un maçon. Tu es maçon, je suis maçon avec au bout de ma plume des tonnes de ciment gueulant de soif dans le désert de mon « inspiration ». J'ai une muse suspecte qui a des bas de châtaigniers toujours verts, des avoines à Mercédès et de l'eau claire qu'elle pompe à longueur de minutes séchées dans ma gourde frileuse. Et je musarde malgré ça !

J'ai le culte d'un certain désordre, une porte mal ouverte sur un assemblage imbécile où flirtent, maladroitement, une vieille page de garde d'un livre ancien, roux d'ennui, une grosse boîte d'allumettes, une paire de bretelles, une boîte à mauvais violon acheté pour rien chez un mauvais chineur, un tube de produit pharmaceutique, un emballage de film. J'ai le culte des mares où volettent des moustiques, des mouches, toute une floraison de veinules griffées d'ongles. Dans le désordre de ma maison, dans celui de la mare, je projette de m'aliéner, bêtement, fumant cigarette sur cigarette, grattant, ressassant dans le pénible crépuscule de la soixantaine des souvenirs que je voudrais bien équivoques pour mieux les immoler aux terreurs bourgeoises que je détecte jour après jour autour de moi. Je m'aliène dans les mots. Quand je dis : « je vous méprise », je me donne à vous quand même sous le couvert d'un mot, d'une injure. Vous m'avez à portée de mépris, vous aussi. Je boite.

Rien n'égale en ivresse cette attente au bout de l'ennui quand bâillent les violettes, quand plongent les lourds nuages de Baudelaire, là-bas, vers les météorologies secrètes et dont jamais aucun météorologue pourra dire l'exacte définition. Tout est dans tout. Mon âme ainsi, pareille aux désordres qui m'assaillent se trouve toujours aux confins des miettes, du regain, du déjà fait. J'arrive toujours en retard car je ne pars jamais. Et pourtant, je vis dans d'autres cas. Je me décline secrètement à l'aide de suffixes bien à moi. Je suis un langage fermé. Les mots, voilà votre misère et ce par quoi vous êtes aux fers, irrémédiablement. Aucun espoir, aucune ouverture au-delà des pièges à sots. J'ai la vertu qu'il faut pour ne m'encanailler jamais qu'en connaissance de cause et de Code Pénal. Il est beau ce monument gravé dans la mémoire des cous de jatte !

On ne fait pas la poésie avec des tracts. On la fait avec sa gueule bien ouverte sur les verbes habituels et de préférence actifs.

C'est par le style, ou qu'il loge, que je me déshumanise et grimpe aux cimes du non-dit, de l'incontrôlé. Le style, c'est cette personnalité du doute enfin traqué. C'est une ombre en détresse qui cherche à se lover sous le soleil de l'admis, du tout fait, du symbolisme courant. Le style ? Chaque fois qu'il montre son bout du nez, la tourbe crie « au secours », elle se décharne pour s'épurer dans le conformisme. Le conforme est abject. Les parallèles d'Einstein me semblent fort à l'aise dans le triangle de l'amour. Tout se joint.

J'avais de l'écriture une opinion indescriptible. Le vent écrit des songes, des valeurs. Tel arbre ployant, à telle heure et sous l'énergie d'autan m'est un dessin furtif que je catalogue et qu'il m'est bien difficile de traduire. Pour traduire un paysage il faudrait que je me décapite. Alors, il n'y aurait rien eu. RIEN : c'est un mot qui pratique une philosophie non gravitée. La seule dont on doive se méfier. C'est dans la dimension du rien que la loi se casse la figure. Je rêve d'une criminologie rétroversée. Sans crime. Une criminologie négative qui me servirait à monter des négatifs jamais vus. Je songe à des photos du « moins ».

La poésie ainsi formulée — dans le manque — obligerait à tout réinventer, ce qui est absurde. Un arbre « non arbre », un arbre innommé, autant dire qu'un sexe de femme est égal au chiffre 2 546. Chez moi, je donne un nom aux chênes. Je les case, et les glands ne sont plus perdus. Ils m'en veulent de n'être plus dans cet anonymat du groin sentant craquer tout leur volume sous les dents de la bête. Ils souffrent dès lors de l'identité. Si je ne m'appelle pas, je ne suis pas. La vie sociale c'est de l'anthropométrie.

TESTAMENT PHONOGRAPHE

Tant à Lévy bref qu'à Dubois
Tant aux oiseaux qu'aux chiens savants
Tant aux mages qu'aux instruments
A cordes à vent ou à bois
Tant aux marquis qu'aux pauvres gens
Tant aux putes qu'aux demoiselles
Qu'il pleuve qu'il vente ou qu'il bêle
Je laisse tout le tremblement

Et d'abord Villon dans leur lit
A leur chatouiller le moral
Un pendu ça fait pas de mal
Ça fait même pas des petits
Je leur laisse l'original
A part les vers octosyllabes
Que j'emplume à mon stylo crabe
Qui pince un verbe occidental

Je laisse à mon père Joseph
Deux portugaises à chansons
Un pot sonnant de l'ultra-son
Des chauve-souris plein son chef
Je lui laisse aussi le quibus
Qu'Onasis fourre dans ses fouilles
Dans le cazin où l'on ne douille
Qu'au hasard casqué de gibus

Je lui laisse mérin-la-loi
Débarqué avec Charleston
Dans l'entre-guerre et les actions
Qu'il lui prenne ce qu'il lui doit
Sa sale tronche et ses kopecks
Et la promenade aux angliches
Quand j'este je ne suis pas chiche
Et je lui laisse Nice avec

Qu'il ait un missel de comic's
Avec la suite au lendemain
Comme en impriment les ricains
Et des indulgences prolixes
Qu'il ait en plus chaque matin
Le café crème de l'aurore
Avec l'apocryphe ellébore
Que lazuriche imprime aux chiens

Pour Charlotte Ferré voici
Des ciseaux grands comme l'été
A tailler dans la voie lactée
Des patrons d'étoile et de nuit
Un verrou tout grouillant de clefs
Et sous son lit un dromadaire
En train de lire son bréviaire
Et maman lui faisant du pied

A Lulu Bergeron ma sœur
Un crâne avec toutes ses dents
Plantées selon le règlement
De la « Tour d'Auvergne » et d'ailleurs
Une fraise à sucrer dedans
Tout le savoir de la denture
Et les vers de mon écriture
Sur son davier se balançant

Un bout de Paris trente-sept
Monsieur le prince et l'Excelsior
Ses copains qui couchaient dehors
Dans la nuit bleue des pickfillettes
Tamponnée à son passeport
Une aspirine d'Italie
Avec mon cœur en broderie
La nationale sept dehors

A Vaugien le toubib aux chiens
Je laisse un poil de mes amis
A lui chatouiller le kiki
Les soirs mauves d'anciens copains
Je lui donne un kilo de spred
Pour qu'il mette à neuf la surtaxe
Qui progressivement le taxe
Chaque année que fait Mohammed

A celui-là je laisse un peu d'eau
Pour surprendre tant de ciment
Sous tant de crise à logement
Où Papa Noël est de trop
Qu'il accepte mon vieux réveil
Qui ne compte plus tant les heures
Mais dont les aiguilles demeurent
Sur ma montre suisse pareille

A Malvet de l'esprit de sel
Pour qu'il accorde son bidet
A Mitton Pierre un robinet
A se vider de l'essentiel
Si tant est qu'il en ait une once
A Saüt trente-deux deniers
Les deux comptant pour l'intérêt
Quant au baiser la pierre ponce

Je dédie à la Vilmorin
A la Louise aux yeux lavés
Une rose de son rosier
Et Sosthène hibou de bien
Ayant vécu de moi de rien
Dormant sous quelque sapin triste
Avec dans l'écorce un pianiste
Qui joue la neuille et ses copains

Je laisse au papier bolloré
Mon sang caillé scaferlati
En argomuche ou en sanscrit
Qu'on décryptera sur les quais
Mon caractère en Garamond
Anonyme et baigné de lune
Sous l'œil du typo d'infortune
Qui épluchera mes oignons

A Paoli je laisse un tiers
De scotch coupé de Montcorbier
Et Bourbon dans son encrier
Qui lui vend Ferré pour pas cher
Dans le haut des champs des morues
Se sont mouillées au vent de l'este
L'oasis ou pour être honneste
Il faut boire en montrant l'écu

A Popaul le bigleux total
Je cède mes yeux du dehors
Pour voir Ludwig et ses quatuors
Ou l'orchestre de Parsifal
Je lui donne aussi l'œil du do
Le rétroviseur à Descartes
Celui qui lit sur les pancartes
Où il n'y a le moindre mot

A Jean Cardon de Giorgina
Je laisse le calendrier
Avec un mec de chez Josué
Pour lui allonger ses nanas
Un orgue aussi gros comme un pois
Qui musiquera ses cravates
Nouées aux gorges des régates
Qu'il fait courser sous les javas

Le macadam est sirupeux
Ce soir de juin soixante-neuf
Mon encre chinoise et mon bluff
S'agglutinant à mes aveux
Les moteurs huilent du sterling
Audouze vend ses sacs d'avoine
A mes chevaux-vapeurs en panne
Qui broutent la prairie pershing

Je leur laisse ma bielle en chair
Celle qui coule une fois l'an
Dedans la gueule du printemps
Quand l'herbe met son habit vert
A Paris le soleil néon
Lave son cul dans les boutiques
Où pleurent des bijoux étiques
Dans le ciel plie son pantalon

Il passait devant mon hameau
Six cent mille chevaux par jour
Leurs sabots comme des tambours
Roulaient des ra ta plan d'Esso
A cet Esso funèbre aussi
Je laisse ma bielle en carafe
Au milieu de mes vers qui piaffent
Et qui se déchaussent du bruit

Où vont-ils ces chevaux de la glace et des morts ?
Peut-être en Australie où les moutons délainent ?
Peut-être dans la rue voisine où plient les gaines
        Des putes cousues d'or ?

Où vont-ils hennissant leur lugubre chanson ?
A la radio ? Sous un pick-up pleurer misère ?
Dans une galerie où s'abstrait la lumière
        En algèbre cochon ?

Où vont-ils ces marcheurs ceints de cuir et de foin ?
A leurs naseaux le syndicat a mis des grilles
Pour filtrer les odeurs qui montent des bastilles
        Et chanteront demain

Où vont-ils ces yeux fous que le fleuve renvoie ?
Où vont-ils ces chalands achalandés de rives ?
Notre-Dame en passant leur file de l'ogive
        A croquer pour des mois

Où vont-ils ces chevaux de la glace et des morts ?
Peut-être à Montparnasse où Baudelaire jazze
Entre deux pissenlits les roses de la gaze
        Quand Paris brume et dort ?

Où vont-ils ces filous qui fric-fraquent le ciel
Et font des ronds dans l'eau quand le flic les regarde ?
Peut-être à quelque soie ? Peut-être à quelque harde ?
        Ou cailler à l'hôtel ?

Où vont-ils ces chagrins roulant en Cadillac ?
Où vont-ils ces bijoux que les femmes bazardent ?
Aux larmes des bougies ? Quand le « Peuple » bavarde
        En dentelle ou en frac ?

Où vont-ils hennissant leurs lugubres chansons
Ces chevaux de Marly qui dévorent la brume ?
Peut-être à quelque rendez-vous sur le bitume
        A piaffer d'occasion ?

Où vont-ils ces chevaux de la glace et des morts ?
Où vont-ils ces chevaux qui grognent sur la dune ?
A marée haute et du pétrole dans leurs plumes
ET L'AVOINE DANS UN BARIL
        OÙ VONT-ILS ?

A Cloclo la rousse putain
De mes sept berges bien sonnées.
— Elle en avait neuf dans le dé —
Je laisse le doigt de la main
Il me remonte des naseaux
Le parfum mauve de sa paille
Qui bruissait plus bas que sa taille
Quand je jouais de son pipeau

Je lui laisse aussi le raisin
Qu'on écrasait avec nos pieds
Moi plus bas qu'elle ensanglanté
A regarder son maroquin
Ses deux jambes comme un delta
Je m'enivrais à sa bouteille
Comme un nageur vers la merveille
Je nageais longtemps dans ses bras

A Fernand Bertrand du choral
Je laisse le guignol fermé
Dans la rue basse où meurt l'été
Ceintré dans les caves d'oral
Nos mains portant le firmament
Nos poches tintant de vaisselle
Deux sous de bronze à la mamelle
Que nous dégrafaient nos clients

Quant à Marcel du Cabanon
Le capitaine des remparts
Qu'il ait son canon sleeping-car
Ployant sous nos califourchons
Avec le relent oxydé
Qui montait de ses flancs épiques
Quand nous arrachions nos tuniques
Pour mieux nous regarder pisser

Où es-tu Marcel Merlino ?
A quelle nuit t'es-tu rendu ?
Est-ce toi que j'ai reconnu
L'autre jour au fond du métro ?
Sous les casquettes que je vois
C'est ton visage que j'épelle
Le charbonnier dans le port bêle
A Monaco comme autrefois

Il arrivait de Rotterdam
On l'attendait des mois entiers
Un bateau ça fait du chiqué
Ça s'enraille pas comme un tram
Ça musarde comme un anglais
A ce cygne noir des houillères
Je laisse deux mains en visière
Et deux ombres barrant le quai

Rosella noire du drapeau
Baissé sur ton triangle blanc
Prends mon algèbre entre les dents
Et compose mon numéro
O toi que j'eusse tant creusée
Sur le lit de ta maternelle
Qui t'étouffait pas de dentelles
Je te laisse mon sabre usé

A Marguite les nerfs noués
Sur le goudron comme une croix
Quand il bavait de son minois
De la chantilly salivée
Je laisse un buvard de chagrin
Pour s'effacer dans l'ombre oblique
Que sèment les épileptiques
Comme un semeur sème le grain

A Jeannot le mécanicien
Noirci sous les soleils cambouis
Je dédie l'encre de minuit
A noter le ciel calepin
Avec ses diamants frissonnants
Quand les étoiles font la torche
Et que les poètes s'écorchent
L'œil à vouloir lire dedans

A la Maritorne de skungs
A la Fernande aux mains-poisson
Qui reprise les caleçons
Des anges qui la nuit défoncent
L'ixe de mon idiote en blond
Je laisse un rasoir électrique
Pour se peler le sens unique
Et se ravauder l'écusson

A son régul Jo du dentier
Mon beau daron du temps de l'ex
Et qui me mettait à l'index
Au fond d'un lit mort à moitié
Je laisse sa fille empaffée
Par quelqu'obscur de la cervelle
Sa fille qu'il eut dit pucelle
Dans un bordel le cul bordé

Et celle-là nitouche en toc
Qui jouait les planches d'amour
Où j'accrochais tous mes discours
Six ans durant dans mon paddock
Qu'elle ait un requiem en stuc
Montant triste d'une guitare
Qu'elle emjambera c'est notoire
Comme un bidet qui joue du truc

Tu mangeais des radis milords
Luxure à la mode de quand ?
Vénus pavée au plus croulant
Où rampes-tu ta gueule encor ?
Dans quel gourbis t'étales-tu ?
Devant quel miroir détestable
Vois-tu tes charmes relégables ?
Lève-toi et marche dessus

Vois le poète que je suis
Devant son papier affamé
Il a tissé comme araignée
Une toile pendant la nuit
O viens ma mouche t'y moucher
En loucedé mon verbe brûle
Et pour te manger la formule
Il ne me reste qu'à signer

Ferré parent de Rutebeuf
Et souviens-toi de ce Cousin
Qui remplissait ton traversin
Ton chef pesant le poids d'un œuf
A celui-là le parfumeur
Je laisse la plate lunette
Où ton bas-ventre se reflète
Quand appareillent tes liqueurs

Je laisse à Badia mon chapeau
Pour y mesurer le genou
Qu'il a en guise de caillou
Je lui laisse aussi le drapeau
Baissé des filles « suivez-moi »
Quand nous cherchions notre pitance
Au fil de la jurisprudence
Mal planqués à la fac de droit

A Jojo Mazars un écrou
Pour serrer dedans le fifi
Et Josette sur le parvis
A tâter le mou des matous
Qu'il ait aussi dans son chariot
Des mirettes polychromates
Et du Ferré dans ses pénates
A Costaeres ou Bordeaux

A Morisse l'européen
La vieille carte du parti
Et le numéro des amis
Quand il s'en ira du besoin
Je lui laisse aussi la pépée
Qui l'enflammait dans la mistoufle
Quand il soufflait sur ses pantoufles
Un air qui les faisait bâiller

Laisse quimper Lucien pick-up
C'est vrai que tu as mal tourné
Et que ta tête moutonnée
Bêle aux sillons d'une pin up
A la ertéèfe à Paris
Dans le fond de la discothèque
Quelqu'un retourne son bifteak
Sur le plateau meurt Debussy

A Grooteclaes le photo roi
Je laisse un peu de mon passé
Une paire de mathonets
Pour son guignol agfa liégeois
Je lui cède aussi pour pas cher
Une amitié d'anthropoïde
C'est tout ce que j'ai de valide
A lui fourrer dans son gevaert

A toi Maurice de Clichy
Un Decazeville d'azur
Et puis de quoi faire le mur
Et te carrer la galaxie
Un titard dans la mare aux cons
De quoi te passer tes dimanches
Dans ces maisons où l'on s'emmanche
Dans le silence du béton

Maurice du Blanchet pourri
Souviens-toi du plumeau gelé
Et de ma main du charbonnier
Et de ma foi d'anar en noir
Sur cette offset à la voix off
Nous imprimions nos infortunes
O Maurice à pershing la lune
Avait la gueule d'un sous-off

Tu perforais de l'acajou
Dans la mémoire d'un chalut
Quand tu partais faire le cul
Histoire de faire des sous
O mon Gaspard des royautés
O mon frangin du dix-septième
Quand je te filais mes problèmes
Derrière ton contre-plaqué

Arnay le duc hardi les freins
Alors que nous sortions de scène
O trente tonnes d'une veine
A ne plus croire en son destin
Je te laisse Arkel de Lyon
Ses promenades jacobines
A déguster la miss urine
Pendant que nous en écrasions

A bientôt Maurice en enfer
Pour un gala non déclaré
Le diable ne sait pas compter
C'est le Ché qui fait ses affaires
Vers minuit nous irons draguer
Dans le cercle des proserpines
Où l'amour n'a pas bonne mine
Et s'enflamme pour un baiser

Je laisse aux pavés de Paris
Mon œil pour lire les dessous
Des passantes sanglées de roux
Et leur chinchilla de minuit
Qu'ils aient un peu entre les dents
La capucine république
Et qu'elle claque sur la clique
Comme un drapeau claque le vent

Ma faim n'a plus de spaghettis
Ni même de poivrons grillés
Je meurs d'avoir trop étrillé
L'octosyllabe de la nuit
Huit heures du soir au bar bac
Et des hiboux plein le parterre
A s'immoler pour quelques verres
Que Blanche vide dans son sac

Taulière des soirs en allés
Je te laisse mon capuchon
Que je baissais sur mes chansons
Le soir dans ton ancien café
Maintenant c'est sous l'œil néon
Que tu lis tes comptes de bique
Et rumine sous la musique
L'oseille bleue des vagabonds

A mes oiseaux piaillant debout
Chinés sous les becs de la nuit
Avec leur crêpe de coutil
Et leur fourreau fleuri de trous
A mes compaings du pain rassis
A mes frangins de l'entre bise
A ceux qui gerçaient leur chemise
Au givre des pernods-minuit

A l'Araignée la toile au vent
A Biftec baron du homard
Et sa technique du caviar
Qui ressemblait à du hareng
A Bec d'Azur du pif comptant
Qui créchait côté de Sancerre
Sur les MIDNIGHT à moitié verre
Chez un bistre de ses clients

Aux spécialistes d'la scoumoune
Qui se sapaient de courants d'air
Et qui prenaient pour un steamer
La compagnie Blondin and Clowns
Aux pannés qui la langue au pas
En plein hiver mangeaient des nèfles
A ceux pour qui deux sous de trèfle
Ça valait une Craven A

A ceux-là je laisse la fleur
De mon désespoir en allé
Maintenant que je suis paré
Et que je vais chez le coiffeur
Pauvre mec mon pauvre Pierrot
Vois la lune qui te cafarde
Cette américaine moucharde
Qu'ils ont vidée de ton pipeau

Nous aboyons avec des armes dans la gueule
Des armes blanches et noires comme des mots noirs et blancs
NOIRS COMME LA TERREUR QUE VOUS ASSUMEREZ
BLANCS COMME LA VIRGINITÉ QUE NOUS ASSUMONS

NOUS SOMMES DES CHIENS et les chiens, quand ils sentent la compagnie,
Il se dérangent, ils se décolliérisent
et posent leur os comme on pose sa cigarette quand on a quelque chose d'urgent à faire
Même et de préférence si l'urgence contient l'idée de vous foutre sur la margoulette

Je n'écris pas comme de Gaulle ou comme Perse
Je CAUSE et je GUEULE comme un chien

JE SUIS UN CHIEN

DEATH... DEATH... DEATH...

DES MOTS IMAGINÉS qu'on parlera demain
Imaginaire et ses bagages en surplus dans le Jet
Qui s'en va tout à l'heure à Orly comme un ange

Dans ces anges d'acier soumis je vois ton cerne
Dans l'avion qui m'emporte je vois tes yeux orange
J'y mordrai tout à l'heure devant les turbulences

Et l'hôtesse la main au cul m'y coulera
O l'eau que tu t'en vas perdant au fond des corridors
Devant ta glace tu t'allumes et tu m'éclaires

Je suis ta pile obscène et mon secteur est trouble
Et mouillé tout à l'heure aux prises avec ton double
La Cité s'émerveille au hasard de mes pas

Tu me le donneras cet enfant de putain
Dis, tu le donneras pliant sous l'incroyable
Dans l'avion tout à l'heure il a plu du jasmin

Je te caresserai dans le vertige de l'escale
Dans le Sud, sous ta robe aux vertus mosaïques
Viens, je te donnerai cet enfant de panique

Roulant sous l'inédit, poussant vers la Musique
Une mélancolie glacée, une mélancolie de chic
Je te sais sur ma carte où tu lis le possible

Et ma pensée super lumière est dans ton ventre
A ce moment précis j'emballe Bételgeuse
Tu vois des Caraïbes aux tristesses neigeuses

Sous des soleils patients aux lacostes ombrés
Je te veux de ce froid inédit des tropiques
La fraîcheur de tes joues sous le feu de ma pique

Et tu plies me vidant ton lac assassiné
Et tu coules du plomb dans les anciens vitraux
Dans leur lumière teinte aux soleils en bluejeans

Tu les peignes dorés tes cheveux de misaine
De ton ventre d'acier ils émergent du spleen
Tu n'y peux rien tu es mon spleen et ma détresse

Mon avoir mon amour mon ancienne pâleur
Quand j'allais encerclé à mon cerceau d'honneur
Mon moi à l'évidence et ta main au panier

O ma cerise ancienne éclairée de rougeaille
Du mois de Mai je t'ai et je te garde ouverte
Coule-toi dans ma gorge ouverte sur là-bas

Aime-moi aime-moi aime-moi aime-moi
J'imagine ton nom sur le bord de ma flûte
Octaviant mes syllabes et des oiseaux parleurs

Qui psalmodient ma route regarde-les ceux-là
C'est des tambours voilés comme une marche lente
Et cassant la Musique au long des soirs plissant

J'imagine ton nom sur des lieux innomés
Et des lumières aussi des caravanes douces
Et sableuses où la soif leur fait d'étranges gorges

Je te vois comme une algue bleue dans l'autobus
A la marée du soir Gare Saint-Lazare
Quand ça descend vers le tiers monde

Nous sommes tous un peu du tiers
Quand la boue nous apprend à contourner vos lèvres
Ces signes que la bouche invente à Babel Town

Je te vois comme un appareil électronique
Avec des boutons nacre plein la gueule
Et des fils se joignant comme des mains perdues

Dans la nuit aigre au creux d'un nègre blond
Qui te ramène au bord de sa fontaine trouble
Où tu bois les orages inquiétés par tes songes

Je te vois dans les bals d'avant la guerre
Avec du swing dans l'écarlate de la nuit
A peine un peu tirée sous l'ourlet de tes lèvres

Je te vois comme un orgue sur la mer
Avec les chevaux blancs du sperme de l'orage
Elle est bonne ce soir tu en as pris une tasse

Et t'endormant sous moi tu as mis ton drapeau
Comme un taxi fourbu retournant vers son chiffre
Où je comptais ton vernis brun dessous ta peau

Tu me sais dans les bras d'une autre et tu calcules
L'arrivée de ce flot le cubage des brumes
Qui vont porter le deuil dans mon lit de fortune

Tu mesures tout ça à la lueur des pluies
Des tiennes qui s'en vont laver ta grammaire formelle
Tu ordonnances la clarté de tes prunelles

A petits coups de rame en rimmel tu te tires
Vers les pays communs dans la nuit qui s'évade
Je me maquillerai ce soir sous l'arche de ton cul

Je te sais dans les bras d'un autre mannequin
Ceux que tu mets dans toi au rythme de la rue
Au hasard de l'asphalte au rimmel des pavés

Tout comme en soixante-huit quand tu voyais passer
Au hasard des pavés le hasard de tes nuits
De ces nuits qui depuis dix ans n'ont pas bronché

Aime-moi aime-moi aime l'ombre incrédible
Aime le noir néant de l'intuition niée
Et le temps qui n'est pas et le rien de ce temps

Et le temps de ce rien et le temps de la cible
Toi criblée toi donnée carcasse sublimée
Ce qu'il y a de vrai dans toi c'est l'imageable

Comment je te construis à partir de ma nuit
Ma nuit de navigant dans l'éternelle fable
Ma nuit de navigant sur l'horreur de ma table

Eclairée vaguement de ma page pâlie
Et tu es là-dessous avec l'autre visage
Tout est double dans l'autre

L'imaginaire est un indien dans sa réserve
C'est une raison blême au fronton de ton Toi
C'est une figue sèche et des noix qui la servent

O ta figue blanchie d'un sperme inachevé
Je te figue et t'enfigue et me perds en supplices
Au bord de toi vacant d'un désordre voulu

Je suis sauf et ta voix m'asperge de détresse
O l'amour qui s'en va de ton sexe et ma voix
O ma voix et la tienne et mon silence obscène

O ma rue plus glacée qu'un sorbet aux violettes
O foutraison de miel dans ce siècle abhorré
Comme toi se gonflant d'un désir germinal

Là-bas aux Caraïbes les machines à écrire
Un soleil où trop pique un tropical dédain
Des plages et des disques toutes noires les plages

Comme les disques enfin et puis toutes moirées
Avec leurs chemins microformes et salés
Les persiennes aussi des jeunes filles en fleur

En fleurs sauvages où part un galion d'interdit
Des renards argentés là-bas qui se lamentent
Imaginaire un peu les crépuscules dans leur fente

Imaginaire imaginaire imaginaire moi
Imaginaire toi alors tu te verras
Tu te verras en filigrane au bord de mes enfances

Mes enfances toujours ont des cheveux d'enfants
Longs longs longs comme une vague ancienne
Et qui n'en finit pas de se rouler dans toi

Comme un tabac séché sous l'autan qui le glace
Viens que je fume un peu de toi sous l'écarlate
Imaginaire toi imaginaire moi

Tu es mon visionnaire et je te vois perdant
Quand tu te laves hélas ! il y a toujours
Un homme quelque part et traqué que tu presses

Et qui verse son sang minéral dans ta cour
Comme ces femmes ensudées que le vent a trompées
Qui sont marquées à vie à mort

Ces marques de la vie qui portent des sanglots
Ces marques de l'amour qui portent les dents longues
Enfoncées dans ce bien qui te faisait féconde

Et des chiens et des loups et des loups sur les yeux
Quand la harpe descend dans la rue avec moi
On fait les commissions et puis elle en rajoute

Les nouvelles guimauves elle a horreur de ça
Elle aime mieux Tristan se carrant l'Ysoldiote
Quand ça descend bien, vas... ça flotte...

Une berceuse de la mort je m'en souviens
Avec trompette et tout, par là-haut, vagissant
Une berceuse de la Mort, c'est bath !

La mort lorsque j'y baise ça fait des cris bizarres
Avec des cors en fa dans le grave and so on
Les cordes de la Mort se comptent à la douzaine

DodécaMort DodécaMort DodécaMort
Ça fait plein au studio ça sonne sans combine
Ça fait tout d'suite un peu lugubre et chouette

Nous étions moi et moi et puis d'autres voyous
Nous avions décidé de mettre un terme aux philos cons
Nous étions habillés de neuf jeans de soirée et pulls de style

Le verre en main pour bien signifier nos origines
Nous sommes tous liquides
L'imaginaire est une mer sans fond

Nous étions moi et moi nous sommes toujours moi
Nous marchons des foulards à la gorge
Le goudron effaçait l'intelligence insurrectionnelle

L'imaginaire avait besoin d'une main fraternelle
Et les pavés aussi c'est bien d'insurrection qu'il s'agit
Je suis d'un autre verbe et d'une autre grammaire

Je détrousse des filles au fond des mers luisantes
Quand les chevaux-vapeurs des steamers imaginent
Des sabots font alors un vacarme benzine

Les moutons c'est du fuel à la laine fétide
J'aurai chaud cet hiver à la marée des songes
Les syndicats nous ont baisés et ça n'était pas bon

Les syndicats c'est comme un fuel plutôt glaçant
Les syndicats c'est la mort de la révolution
Et c'est pour ça, Petit, que nous imaginons

A tout considérer d'ailleurs le ciel était caca
Je peignais tous les gens et c'était bien pratique
Encordé comme un pendu sabré j'étais magique

Le caca dans le ciel... Antarès se marrait
Pas toi petit pas toi pas vous pas vous non plus
Je peignais tous les gens avec l'imaginaire

Et le vent s'inquiétait je le concurrençais
Berce-moi l'étudiant prends-moi dans tes cahiers
Berce-moi l'étudiant écoute ma chanson

Encarapace-toi de moi escargot de passage
Et qu'il pleuve et qu'il chante alors nous sortirons
Avec nos idées neuves et les chercheurs nous chercheront

Nous descendrons dans leurs gosiers
Avec nos musiques tremblables alors ils trembleront
Ils nous mastiqueront nous de l'imaginaire

Et n'en reviendront plus leurs désordres codés je n'y ai pas accès
Mon ordre à moi est de la graine des voyous généreux
Dans mes palais on entrera en marche arrière

Pour bien savoir ce que l'on quitte
On entre de plain-pied dans l'incalculé
Et mes ordinateurs ? Ils t'imagineront

Tu ne t'habilles plus tu iras dans la rue
Comme une étude de Chopin et tu tricoteras
Et mon pull de l'hiver il passera dans ta cassette

Quand j'aurai froid à ma musique

AH ! CE VIOLON QUI HANTE mes projets encordés
Ce cheval blanc dans les cheveux de son archet
Ce cheval blanc en sol mineur qui mange mes portées

Qui décentre ma foi qui me fait prendre le Col d'Elsa
Pour un dessin hiératique dans le plomb de ce dernier vitrail crépusculaire
Prends ton vitrail et va t'en sur les quais

Inquiète l'inconnu qui souffle dans sa gourde
Comme dans un cornet de frites à Rottermiche
Alors tu planteras le désert dans Paris

Comme une tente vasculaire dans son chiffre
Ce Paris qui goutte à goutte te calcine
Il y avait dans ta voix une java funèbre

Un cortège en damier quand tu bouffais mes pions
Une source commune où chantent les ténèbres
Comme Palestrina un vendredi de Pâques

L'Eglise de la nature ? Parlons-en
J'en écrirai la messe du foutre du pollen des Incas
O l'Incas ! Tes yeux, Mathieusalem !

Ouvragés dans le tulle d'un phare à iode et à teinture
Tes lampes, les objets qui s'y reflètent un peu
Et cette cathédrale ancienne qui palpite

Au bord du gouffre de tes larmes de gosse
Et je suis le pollen, Mathieusalem !
Le pollen ! Le pollen !

Et pourquoi ne serais-je pas cette poudre baiseuse ?
Dis, pourquoi n'est-ce pas moi qui enfante tes tracteurs ?
Avec la grue penchée comme une révérence

Vers ce devoir et ce refus qui m'imaginent ?
Mathieusalem ! Mathieusalem !
Il y a des siècles dans ton œil d'incas tranquille

Des siècles de tranquillisants sous la férule
Des triques de velours dans des voix demeurées
Au seuil des capitales au seuil de l'épopée

Devant la fourche du petit matin « la forca »
Et des balancements de pendus froids au vent du sperme libre
Comme un Mississipi dans l'entrebâillement de la Révolte

Et cette orgie de graines aux matins dépavés
Y'en a qui s'en souviennent encore et qui en vivent
Monotonie maniaque de la mélancolie

Celle désencordée qui n'a plus rien d'obscène
Celle mauve des soirs appris tard à l'étude
Celle du chiffonnier s'habillant de mémoire

Sous l'esthétique de cette soie filigranée
Sous les doigts exaucés d'un liseur vertueux
D'un tondu d'un voyeur et d'un plomb Gutenberg

Quand les moines enlumineurs faisaient la grève
Sous les ponts de l'Histoire à dormir enchaînés
Ce lit de Joséphine quand y avait passé le patron d'Austerlitz

Quant à mes graines à moi, je me sentirais plutôt arbre, et vous ?
Le bûcheron qui m'éclate et m'écorche et me gouge
Et m'emporte flotté vers mon île glacée

Là-bas là-bas là-bas... sous les outrages
Ce bûcheron crèche chez moi chez l'homme ou bien at home
Dit-on dans le parler hautbois ça dépend de l'accent

Il a droit à mon vin à mon style à mes veines
Celles qui découragent les sources qui me viennent
De partout et d'ailleurs, les sources de rigueur

Avec un vacarme grandiose où je perçois l'imperceptible
Avec du vert aussi à peine resurgi des profondeurs
De ma conscience de noyé

C'est un groupe de fleurs à la main qui me charge
Et qui débite sous sa hache mes vers libres
Qui crachent leur venin à la gueule du verbe

Il a droit à mon spleen c'est là que je le coince
Le spleen c'est une arme terrible, Mathieusalem !
Je te laisse le spleen où qu'il aille, où qu'il gîte

Dans un drapé de marbre aussi quand Michel-Ange
S'en allait supputer les plis, les ombres aussi
Dans les carrières de Carrare au museau de l'Histoire

Cette mélancolie qui plie de son ciseau glacé
Je te la laisse comme un fichu, comme un sourire
Comme une arme qui sait ?

Je tue par spleen et ça marche
Mon commerce est florissant je vends
Des figures ridées des vieilles des salopes

Qui vont se dévêtir dans les dévêtissoirs automatiques
Dans l'œil de l'autre et du passant et qui en rajoutent
Mais dans leur cœur, petit, il y a le verbe clos

Dévirginisation dans le matin bleuté des orbitèles
C'est ça la gloire de la vie le jour qui pointe
Et ceux qui dorment encore dans le jasmin froissé

Ces draps comme des signes, ces linges de la mort figurée
Ces figures de sel dans le bruit du silence
Cette eau qu'elles rejettent en un jet noir de crêpe

Et puis ces corbillards dans les cafés mal joints
Ouverts sur des frigos qui déambulent et boivent
De quoi se mettre au sec bientôt sous les néons néant

Ces arbres comme des portées debout sur la Musique
Une sacré musique de visionnaire
Dans les oiseaux de nuit qui la chahutent

Une sacré musique avec ses feuilles grégoriennes et mesurées
Jaunes bien sûr jaunies truquées fardées pareilles
Dans les loges de la forêt, tous ces artistes, dis-donc !

Ces vagabonds tenus serrés, pliés parfois sous la bise fraîchie
Ces orphéons tout écorce et tout chlorophyllien
Parce que vers le vert ils s'en vont morts debout

Ailleurs peut-être un peintre un fameux Léonardo
Se souviendra de leur stature
Ces parallèles vers le ciel qui se rejoignent

Comme le sexe abstrait d'une nature enracinée
A l'évidence, bien trop, profonde et sûre
Avec la majesté de leur aventureuse et boueuse condition

Comme une stratification de l'absurde
Ces arbres, Mathieusalem, je te les laisse aussi
Retourne-les, envergue-les, profond

Renverse-les de leur station contrainte
Alors le ciel sera racine
Une dentelle au point du jour quand les termites seront « jet »

Quand il y aura du sang sur la carte du ciel
Comme des règles de comète et leurs cheveux entre les cuisses
Quand il y aura Rembrandt à « L'Euro-Etching-Bar »

Quand la raison dinguée s'en ira au bordel
Ecouter le silence abrupt sur les falaises de la gloire
Et de sa tronche, à ce Vincent, de sa tronche oreillée

Pour aller faire un tour dans les mirages de la mort
« DEATH ! DEATH ! DEATH ! » manteau de pluie sur la grammaire
Formellement binaire à ce que dit le computer

Des sonates chiffrées ? Même pas...
Des traits oblongs comme un sépia de chrysanthèmes
Je te salue « DEATH ! DEATH ! DEATH ! »

Du fond de moi de nous des rêves
Du papier bleu lavande enfanté dans le bleu d'un matin de Paris
Le chiftir, l'œil blessé aussi

Sur quelque serge d'un drap toilé du bon du vrai
Et de l'aube invertie... Le sexe du chiffon va-donc savoir...
Des slips ? Des drums sous les sextants blasés

A twelve o'clock ?
Quand l'ombre n'a jamais son feutre
A te parfaire un profil de médaille ?

Les sunlights ? O Death, you know sun-lits ?
Des slips mauves, bien sûr, tirant sur l'oreiller
A peiner, à marcher dans les heures blafardes

Ciseaux jaillis d'un coup de glaive de tes reins
Abandonnée au seuil de ma pitié horaire
Le matin sans café et puis la cigarette que tu me mouilles

Et puis m'allumes avant de chavirer
A « DEATH ! DEATH ! DEATH ! » comme elle échancrée
Suave et paresseuse et tenant par la main ses glorieux pétales

O rose de l'oubli rose de passe aussi
Brève comme un obstacle à brève indication
« No for sale » et tu me vends pourtant

Cette rose en allée où ça ? Vers la vertu des plis perdus
Mathieusalem ! Je te raconterai ces arcanes blanchis
Vernis aussi du vernis fatidique, obscène et saint

De par la grâce et l'heure et les problèmes résolus
Même à l'envers je te laisse tout ça, sa carte un peu marine
Ses cils-objet, sa tarentule basse où mes nuits de navigant se constellaient

Sous ses mains-bouts-de-bras
Et ses misaines à thoniers du Quinzième et puis d'où ?
Orly ma peine embarque et je tiens haut le cierge

Dans les soubassements vers Dijon je me sdraille
Avec au fond de ce journal passant un fait divers de fille
Empaffée l'autre nuit par un marin de Bételgeuse

Et je nage vers où ?
Vers la mer caramel de ces nuages-soie comme un tapis prière
Un tapis de ce jour tissé au gyroscope d'un aigle mathémate

Tout le reste est perdu de cette connivence
Cette fureur modèle et partagée des ans durant
Au fil de ce ruban du temps qui déroulait nos spectres

Claudiquant vers l'alimentation de vos ombres groupées
Je vous laisse l'outrage la pudeur et le reste
Les avis, les parfums passants, quand ils passaient...

L'or du vitrail de Chartres entrevu par miracle
Ces routes de Bretagne où l'on se sent salé
Avec le sable qui se remonte pour se cacher la plage

Ces regards doubles ou triplés, qui sait ?
Je crois en toi, Madame, et vous n'étiez qu'un charme
Les paravents de bruit, la radio qui s'égoutte

Le charroi perçu tôt, tandis qu'on exécute
Ces deux liés, soumis enfin, près de nos larmes
Ce journal endeuillé de nos peurs romantiques

Cette particulière odeur qui montait de vos tripes
Nourries, fangeuses bien serrées sur vos jeans
Ballant un peu en bas pour marquer le sourire

De vos jambes migrées vers des solstices cons
Emigrez-donc vers le néant sous vos néons chanteurs
Emigrez, émigrez, toujours en quête d'ire

Cette colère des bastions de banlieusards
Allez... Et vous n'aviez plus rien dans vos échasses
Rien ne viendra jamais vous barrer les zoomettes

Devant l'immensité de vos chagrins cireux
Fiers, tout prêts à lâcher votre ombre pour la proie...
Vous n'êtes que des prédateurs d'occase

Ma voix longtemps nichée dans l'entrelac sonique
Incrustée, ciselée, vernie de vinylmuche
Dans ces objets portés vainqueurs et stéréotes

Dans ces vitrines aussi où tu n'as pas entrée
Ni sortie... Ça dépend de la douille et du temps des offrandes
Ma voix qui n'a pas su vous tenir haut le pied...

JE VOUS LAISSE LA VUE IMPRISE SUR LA MERDE

MATHIEUSALEM

Je te laisse la peau de fille, bien lisse
Juste un peu au-dessous de l'outrage
Je te laisse le tram qui s'en va justement

Dans l'ardeur macadam avec le vert des perches
A retourner là-haut dans les bleuissements
De fin d'après-midi quand le wattman zieute pas lerche

Je te laisse un moulin à café nommé Helingensthad
Le même que Ludwig convoitait quand il dormait
Sur ses deux portugaises

Et puis l'amour aussi de sa Thérèse
De sa pute allemande
Je te laisse une pute allemande et l'autre soviétique

Avec de la Volga au beau milieu qui coule
Et qui t'emportera loin des pastis
De l'entre-guerre et du ramdam

Le mariage une façon pratique de s'exiler
Dans le musée du célibat
Et de la belle belle belle paluche

Tu te palucheras
Comme on épluche une pomme ancienne et quaternaire
Et peut-on définir quoi que ce soit ?

Et peut-on régurgiter un lapin bien posé de l'an de trente-neuf ?
Tiens je te donne ce beau lapin tout froid
De cet après-midi vers le treizième à Paris cinq heures durant

Et la fille là-haut chez sa copine
Et qui me regardait la regarder
Et puis l'attendre avec dans l'œil

Une oraison de sexe obtus
A l'empaffer de mémoire et de chic
Je te laisse l'empaffement des non empaffeteurs

Viens... Viens... Je t'immolerai quelque part entre deux hémisphères
Et l'hémisphère de ses cuisses n'avait de l'antarctique
Qu'une singulière politesse géographique

Comme si l'on pouvait définir un dilemme
Et je te définis comme un café de la nuit
Où je m'en vais avant la dorme

Chatouiller des matheux debout devant l'ennui

LE CHEMIN D'ENFER

Je ne sais pas l'an que je viens de vivre
Dans la feuille morte où vient de passer
Toute la veinure et l'âme du givre

Tout le délaissé de tout ce passé
Je ne sais pas l'heure et l'heure me tire
Et me tire au bord de la vérité

Si pour le meilleur j'ai laissé le pire
Le pire m'a mis le meilleur au cœur
La morale aux fers et tout cet empire

De désirs non eus et de beaux malheurs
Justice soit faite au bas de la carte
Où mon astrologue a vêtu ma peur

Cette peur prescrite il faut qu'elle écarte
Le grain de l'ivraie au mieux des saisons
Réclamant son dû et puis qu'elle parte

Accrocher mon œil à l'œil du pardon
Paradis construit d'âmes linéaires
Je sens dans le creux de vos oraisons

Le parfum lassé d'un brin de bruyère
Comme d'un automne à peine exaucé
Quand l'hiver se range au bord des rivières

Et que des miroirs coulent verglacés
Dans le feu dormant rose des contraintes
Je sais que sommeille un désir glacé

Tout est sur la brèche et même la plainte
Qui va s'échapper comme un jour descend
De ce cheval triste et fou qu'on éreinte

Sur le long charroi que la mort surprend
Cette plainte-là comme un diadème
Ceint sa tête un peu d'étoiles de sang

De tout éternité c'est dans le thème
Que la Nature doit traduire au mieux
De la finitude et de son dilemme

Vivre sur l'horrible et gagner au jeu
De la marguerite effeuillée quand même
« Je t'aime » c'est du meurtre à petit feu

O Nietzsche agrippé naseaux de Turin
Ce fiacre roulant dans le fantastique
Et la Folie te prenant par la main

J'entends dans la rue une hippomusique
O Nietzsche l'entends-tu ? C'est du chagrin
Avec le mors au cœur, c'est une clique

Et ses tambours voilés frappent le temps
Sur le pavé des cours et de ta gloire
Avec des chevaux se remémorant

Avec des chevaux à l'avoine noire
Mâchant de la mort le sourire aux dents
Ces dents comme des trous dans la mémoire

Et sur la treille aux grappes de velours
Je millésime un cru de couturière
Un Bordeaux de dentelle au creux du jour

Sur le chemin d'enfer je fais la guerre
Aux standards accueillis, aux tambours
A ceux qui n'ont jamais l'âme légère

Or j'allais par les champs, l'Epouvantail
Me fit des signes et j'allai droit à l'ombre
Comme inscrite au fusain sur un vitrail

J'avais l'air d'un corbeau comme lui, sombre,
Et m'étonnai qu'un si pauvre attirail
En croix troué pût remplacer le nombre

Eh ! mon corbeau que dis-tu de ma trogne ?
Comment ? me dis-je, lui, si près de moi
Et il n'attend même pas qu'on y cogne !

L'échine ravaudée avec les doigts
Qui tricotent la peur sous la besogne
Les gens gagnent le grain que je leur dois

Comment t'appelles-tu, fripier des brumes ?
Je m'appelle l'Ennui, de mon perchoir
Je contrôle la nuit quand on l'allume

Je fais les rêves gris les propos noirs
Je suis un astre éteint qui se consume
Un professeur qui ferait ses devoirs

Un jardin où la rose n'a pas d'âme
Mais l'épine au côté pour s'en aller
Les soirs de mai quand le rose l'enflamme

Je suis un vieux poison désespéré
Une tête d'oiseau dans une femme
Avec mon bec dans son miroir gelé

J'ai vu dans la craie d'incroyables ixes
Avec des chapeaux de lune et de vent
Et poétisant des savants prolixes

J'ai la mathématique du divan
Et quand tu vas dormir pour toi je mixe
Le bonheur et la Mort qui va devant

Avec le jour au bout comme un suffixe

LE LOUP

Le loup n'a plus de dents, il mange des idées ;
A la radio il nous commente les nouvelles :
As-tu vu ce matin mourir une chandelle ?
Cette étoile de cire où meurent des années...

Il en va de l'espoir comme d'un tapis vert.
Usé, l'espoir déçu se trame une autre chaîne
Sur les brisées de ceux qui portent de la laine,
En guise de moutons le loup va prendre l'air.

Je sais de vieux sapins qui n'ont pas leur raison,
Ils fleurissent des jours, des mois, des parenthèses.
Je sais des paradis perchés sur une chaise
A scruter sous la pluie un désir de pardon...

Les arbres sont polis quand j'y passe mon cœur,
Je me les fais copains d'une ancienne habitude,
Et mes racines se mêlant à leur étude,
Quand je deviens forêt ils deviennent malheur.

Je suis le chêne blond d'un automne déçu,
Des perdrix pour la chasse ont mis leur feu arrière,
Les chansons de l'été des grillons de naguère
Grillent dans le phono vers l'Ouest descendu.

Je ne sais pas de ciel qui ne reflète Quoi ?
Je ne sais pas d'oiseau qui n'ait un cri de glaive,
Je ne sais qu'un devoir qui lentement s'achève
Avec la fin du jour, avec la fin de moi.

Je ne sais pas de vent qui ne veuille baisser,
Je ne sais pas d'oiseau que n'appelle le nid,
Je ne sais qu'un bonheur enfanté dans la nuit
Et que nous élevons avec nos bras scellés.

La nature est sévère à qui la prend d'un coup ;
Nous sommes des charrues avec des socs de rêve,
Et quand nous essayons le grain entre ses lèvres
La nature nous rend la monnaie de nos sous.

La loupe à l'œil, la plume aux serres, je souris
Comme un aigle plus haut que sa littérature,
Et mes petits dedans mon aire se figurent
Que je vais les sortir avec ma poésie...

Les moutons dans les prés rêvent d'être mangés.
Les loups dans la nuit bleue boivent du sang de Une,
La nuit, quand ils s'en vont hurler dessous la brune,
On dirait d'un concert aux archets délivrés.

Arbres aux noms perdus, Chênes faits de bouleau,
Hêtres décapités par un néant de paille,
Foin rêvant d'être acquis aux meilleures ripailles,
Fumier devenant OR sous l'arche des museaux...

Paradis des fureurs jaunes, je te salue !
Je t'apporte un bouquet de fidèle écriture,
Un bouquet de parole où la voix démesure
Les mots de tous les jours qui n'en finissent plus.

Il faut prier pour moi dans ton ordre païen,
Il faut me pardonner mes pas dans ton silence
Et me donner le temps pour que mon temps commence,
Pour que tout aille mieux et du Mal, et du Bien...

Il faut me laisser rire au sourire du bleu,
Quand la figure du jardin me fait des signes
Et que le sort jaloux relâche ses consignes
Pour nous voir respirer ensemble, l'air heureux.

Je voyais des maisons dans un glacis de toc,
Un chimpanzé volant dans un ciel d'expertise
Et mâchant dans sa barbe une rage soumise,
Comme certains buveurs mâchent devant un bock...

Je voyais une avoine avenante et de chic,
Folle, comme on le sait, dans la nuit des conquêtes,
Et des ombres frôlant ses grâces de coquette,
Saluant de mémoire un frôlement d'aspic.

Je saluais les prés où se mire le Nord,
Dans le vert en allé de ses fins cardinales,
Dans la glace posée au pôle d'une eau pâle
Qu'un avenir d'hiver a durcie dans sa mort.

Un hibou dans les bois joue de la flûte en sol,
Des cris, comme une écharpe aux gorges des fauvettes
Lui jouent la tierce des terreurs et des boulettes...
O lugubres chansons des hiboux parasols !

Un visa pour la plaine, et je m'en vais demain.
Les chevaux Cadillac hennissent kérozène,
Je les vois arrêtés à l'arrêt Théorème,
Piaffer dans le tourment d'un azur incertain.

J'entends le train passer son message de fer,
Le monde survécu dans un paquet de cendres,
Un Bœing éployé qui ne veut plus descendre,
O renaître de Vous et remanger la mer !

Repasser sous le plat du fer qui plane et plie,
Etre la soie perdue au bord de la blessure,
Etre le feu qui rêve au froid de la brûlure,
Accaparer du Rien dans un verre d'oubli.

LE PRINTEMPS DES POÈTES

J'ai vécu des printemps fabuleux en hiver
Pendant que le vulgaire était tout emmouflé
Je soufflais sur mes mains à son cul à son nez
V'là-t'y pas qu'les bourgeons sortaient m'en jouer un air

Le printemps ça s'invente et ça se fout en taule
Le printemps c'est ma mine avec ses airs de chien
Qui vient toute ébahie me montrer tout son bien
Le temps de déposer mon arme de l'épaule

Et oui c'est ça, monsieur, le printemps des poètes
Tout juste un peu d'hiver pour rompre les façons
Un quart d'été un quart d'automne et des chansons
Et s'il fait encor frais on se met la casquette

On va faire des pique-niques du côté des ballots
On va se mettre au vert en croyant aux histoires
Et l'on se sent mourir au bord d'une guitare
Quand la mort espagnole envoie son flamenco

Ce qu'il faut de désirs aux heures de l'ennui
Et ce qu'il faut mentir pour que mentent les choses
Ce qu'il faut inventer pour que meurent les roses
L'espace d'un matin l'espace d'une nuit

Jamais ne vient l'avril dans le fond de mon cœur
Cet éternel hiver qui bat comme une caisse
Qu'on clouerait sans répit depuis que ma jeunesse
A décidé d'aller se faire teindre ailleurs

LA VIOLENCE ET L'ENNUI

Nous d'une autre trempée et d'une singulière extase
Nous de l'Epique et de la Déraison
Nous des fausses années Nous des filles barrées
Nous de l'autre côté de la terre et des phrases
Nous des marges Nous des routes Nous des bordels intelligents

O ma sœur la Violence nous sommes tes enfants
Les pavés se retournent et poussent en dedans

J'ai l'impression démocratique qui me fait des rougeurs
A l'extrême côté du cœur et des entrailles
J'entends par là mes tripes à la mode de Mai

JE VOUS COMMANDE D'ÊTRE BREFS ET COUILLOSIFS

J'ai le sentiment bref de ceux qui vont mourir
Et je ne meurs jamais à moins que à moins que
Je sais des assassins qui n'ont pas de victime
Qui s'en vont faire la queue pour voir le sang d'écran
Et cette pellicule objective qui pellicule sur le vif

Surtout ne pleure pas
Les larmes c'est le vin des couillons

Moi je ne pleure plus
Et je le dis bien haut bien tendre aussi et bien à l'aise
Crevez-leur le paquet qu'ils portent sur leurs quilles !
Marx était un « hippie »
C'est pas comme en dix-sept, à la consigne,
Dans cette Russie rouge à la lénifaction

... et personne jamais n'a été réclamer ce barbu stalingradé...
Quand je vois un stalinien je change à Stalingrad

Je sais des assassins qui ont le cran d'arrêt
Et qui sont beaux comme les cons qui vont voter
Des assassins assassinés et leurs manières
A ne jamais vouloir crever comme crevèrent les Communards mes frères

et je le dis bien haut : il faut DÉCONSTITUTIONALISER le foutre
Et porter l'inconfort cousu dessous leur peau
A ces bourgeois qui se permettent de jouir, en outre !

JE VOUS COMMANDE D'ÊTRE BREFS ET CARTÉSIENS

Je sais des charmes bruns qui sont de sang caillé
Et qui se grattent comme on gratte une blessure
Ça vous ravive un peu de rouge, ça a l'allure
D'une légion d'honneur que l'on pardonnerait

O ma sœur la Violence O ma sœur lassitude
O vous jeunes et beaux empêtrés dans vos livres
Il faut faire l'amour comme on va à l'étude
Et puis descendre dans la rue
Il faut faire l'amour comme on commet un crime

O ma sœur la Violence tes enfants s'analysent
Et du Guatemala s'en viennent des parfums
De sang et des Guatémaltèques allant s'analysant
Dans les ruisseaux de sang coulant comme la crème
La crème de la Révolution montant
O ma sœur la Violence O la fleur du boucan
Il fait un bruit à rencarder tous les voyeurs
Et un bruit qui se voit ça vous a des couleurs
A vous barrer la vue pour des temps et des temps
Je sais des bises s'ennordant depuis l'Afrique
Le monde est court, la gosse, il faut tâter la trique
Dans le pieu, dans la rue, mais tâter de cet ordre
De cet ordre nouveau où germe le désordre
Le beau désordre des voyous au ventre lisse
Viens par ici la gosse un peu, que je t'en glisse...
De ma graine d'amour...
Qui gonflera dans toi comme un chagrin de carne
Sur le monde envahi de tant de muselières
Dans le Paris des chiens je vais l'âme légère
O ma sœur la Violence O ma sœur lassitude
O vous jeunes et beaux empêtrés dans vos charmes
Il faut faire l'amour comme on va à l'étude
Les yeux vers les jardins où fleurissent les armes

Des armes, comme une esthétique de la solitude
Des armes, comme une sinistre compo d'angliche
WHAT DO YOU MEAN, GUN ?
Je sens que nous arrivent
Des trains pleins de brownings, de berretas et de fleurs noires
Et des fleuristes préparant des bains de sang
Pour actualités colortélé
Le sang ça s'ampexe tout c'qui y'a d'bien

Le sang c'est rentable dans la technicoloration
Et je te ferai voir un sang vert quand il sera question de questionner

Je sais des fleurs d'amour qui polennent les blés
Et qui vous font un pain que l'on mange à genoux
Un pain de chair vivante et que l'on aimerait
Comme on aime une enfant que cache ses atouts
Et qui les touche un peu comme on caresse une arme
Un doigt sur la gâchette et le reste aux abois
Et que s'irise alors ta violette de Parme
Enfant mauve de mon silence et de ma loi

Des armes, comme une esthétique du pain sur la planche
Des armes blanches comme l'aube blanche à Paris
Cette aube comme le foutre de l'absence

NOUS SOMMES ABSENTS, MESSIEURS !

L'amour toujours l'amour Ah ! cet amour malade
Comme une drogue dont on ne peut se dédroguer
Comme une drogue à laquelle je me soumets
Je suis un trafiquant d'amour...

Des armes, comme un sourire de l'autre côté de la tête
Comme une façon de désarmer
Comme un chien qui vous aime
Des armes qui vous lèchent, qui vous sortent, qui vous bercent
Des armes pour inquiéter l'inquiétude
Et puis le Code de la peur à distribuer
A tous ceux qui habitent avec la peur ou que la peur habite
Art. 1 J'ai peur
Art. 2 J'ai peur
Art. 3 J'ai peur
Art. 4 Où sont les toilettes ?

Des armes, comme une esthétique de la solitude
Quand on est seul et armé on n'est plus seul
Quand on est seul et désarmé on fait une demande pour être CRS

L'amour toujours l'amour Ah cet amour serein
Cet amour qui vous monte à la bouche comme une grenade
Qu'on ferait bien éclater dans quelque ventre passant
Dans quelque ventre curieux, oisif, en mal d'amour

Des armes, comme un planning de la résurrection
Et quant aux armes blanches, on pourrait les teinter de rouge
Dans une teinture particulière et à la portée de toute portée

Nous d'une autre trempée et d'une singulière extase
Nous de l'Epique et de la Déraison
Nous de l'autre côté de la terre et des phrases
O ma sœur la Violence O ma sœur de Raison

Au quartier des terreurs des enfants se sont mis
A brouter des étoiles
La Voie Lactée s'amidonnait dedans leurs toiles
Et la carte du ciel dans ce quartier de France
Indiquait aux passants la route à ne pas suivre
Il brumait dans le ciel des paroles de givre
C'était d'un cinéma nouveau et d'une danse
Qu'on ne dansait plus avant longtemps. Nanterre
Se prenait pour Paris et le tour de la terre
Se faisait sur un signe, une pensée de fièvre
Un désir de troubler les fleurs et les manières
Une particulière oraison, un sourire
A mettre les pavés à hauteur d'un empire

Le sable des pavés n'a pas la mer à boire
Ça sent la marée calme dans les amphis troublés

Des portes de secours sont ouvertes là-bas
Il suffit de pousser un peu plus, rien qu'un geste...

DES ARMES

Des armes, des chouettes, des brillantes
Des qu'il faut nettoyer souvent pour le plaisir
Et qu'il faut caresser comme pour le plaisir
L'autre, celui qui fait rêver les communiantes

Des armes bleues comme la terre
Des qu'il faut se garder au chaud au fond de l'âme
Dans les yeux, dans le cœur, dans les bras d'une femme
Qu'on garde au fond de soi comme on garde un mystère

Des armes au secret des jours
Sous l'herbe, dans le ciel et puis dans l'écriture
Des qui vous font rêver très tard dans les lectures
Et qui mettent la poésie dans les discours

Des armes, des armes, des armes
Et des poètes de service à la gâchette
Pour mettre le feu aux dernières cigarettes
Au bout d'un vers français brillant comme une larme

PARIS, JE NE T'AIME PLUS

Paris en crêpe de Chine comme un chagrin d'asphalte
Et tes trottoirs vaincus par la téléfaction
La foule qui va (boire) à la prochaine halte
Je m'arrête toujours pour voir passer les cons

Ah Paris je ne t'aime plus

Les guitares à Paris ne sont plus espagnoles
Elles jouent le flamenjerk branchées sur le secteur
Comment veux-tu petit danser la Carmagnole
Si t'as rien dans les mains si t'as rien dans le cœur

Ah Paris je ne t'aime plus

Entends le bruit que font les français à genoux
Dix ans qu'ils sont pliés dix ans de servitude
Et quand on vit par terre on prend des habitudes
Quand ils se lèveront nous resterons chez nous

Ah Paris je ne t'aime plus

Paris du 1er mai avec ses pèlerines
Et le beau syndicat qui reste à la maison
Ce sont les Marx Brothers oubliés par Lénine
En mil neuf cent dix-sept Place de la Nation

Ah Paris je ne t'aime plus

Paris en manteau noir habillé par Descartes
A perdre son latin on met tout un quartier
Paris de la Sorbonne qu'ils ont pris pour un claque
Un étudiant en carte ça doit se visiter

Ah Paris je ne t'aime plus

Paris des beaux enfants en allés dans la nuit
Paris du vingt-deux mars et de la délivrance
O Paris de Nanterre Paris de Cohn Bendit
Paris qui s'est levé avec l'intelligence

Ah Paris quand tu es debout
Moi je t'aime encore

COMME UNE FILLE

Comme une fille
La rue s'déshabille
Les pavés s'entassent
Et les flics qui passent
Les prenn'nt sur la gueule
Paris Marseille
Les rues sont pareilles
Quand le sang y coule
La mort y roucoule
Un' rose dans la gueule
Comme une fille
Qu'a les yeux qui brillent
Et met ses grenades
Sur la barricade
La rue a ses charmes
Et les flics en armes
Les prenn'nt dans la tronche
Paris ou Nantes
Les rues sont patientes
Jusqu'à la nuit blême
Des pavés qu'on sème
Quand le sang y gerce
Et qu'la mort y berce
Le passant qui bronche
Comme une fille
La rue s'déshabille
Les pavés s'entassent
Et les flics qui passent
Les prenn'nt sur la gueule
Paris Marseille
Les rues sont pareilles
Quand le sang y coule
La mort y roucoule
Un' rose dans la gueule

L'ÉTÉ 68

L'été comme un enfant s'est installé
Sur mon dos
Et c'est très lourd à porter
Un enfant tout un été
Sans cigales
Avec des hiboux ensoleillés
Comme les enfants du mois de mai
Qui reviendront cet automne
Après l'été de mil sept cent quatre-vingt-neuf

Ça ira ça ira ça ira

LA MARSEILLAISE

J'connais un' grue sur le vieux Port
Avec des dents longu's comm' la faim
Et qui dégraf' tous les marins
Qu'ont l'âme chagrine et le cœur d'or
C'est à Marseille que j'vais la voir
Quand le soleil se fout en tweed
Et que l'mistral jouc les caïds
C'est à Marseille qu'ell' traîn' le soir
Elle a des jupe(s) à embarquer
Tous les chalands qui traîn'nt la nuit
Et des froufrous qui font tant d' bruit
Qu'on les entend au bout du quai
Il suffit d'y mettre un peu d'soi
C'est un' putain qu'aime que la braise
Et moi j'l'appelle la marseillaise
C'est bien le moins que je lui dois

Arrête un peu que j'vois
Si tu fais l'poids
Et si j'en aurai pour mon fric
Arrête un peu que j'vois
Si les étoiles couche(nt) avec toi
Et tu m'diras
Combien j'te dois

J'connais un' grue dans ce pays
Avec des dents longu's comm' le bras
Et qui s'tapait tous les soldats
Qu'avaient la mort dans leur fusil
C'est à Verdun qu'on peut la voir
Quand les souv'nirs se foute(nt) en prise
Et que l'vent d'est pose sa valise
Et qu'les médaill's font le trottoir
Elle a un' voix à embarquer
Tous les traîn'-tapins qu'elle rencontre

Et il paraît qu'au bout du compte
Ça en fait un drôl' de paquet
Il suffit d'y mettre un peu d'soi
Au fond c'est qu'un' chanson française
Mais qu'on l'appell' la Marseillaise
Ça fait bizarr' dans ces coins-là

Arrête un peu que j'vois
Si t'as d'la voix
Si j'en aurai pour mes galons
Arrête un peu que j'vois
Et puis qu' j'abreuve tous vos sillons
Et j'vous dirai
Combien ça fait

J'connais un' grue qu'a pas d'principes
Les dents longu's comme un jour sans pain
Qui dégrafait tous les gamins
Fumant leur vie dans leur cass'-pipe
C'est dans les champs qu'ell' traîn' son cul
Où y'a des croix comm' des oiseaux
Des croix blanch's plantées pour la peau
La peau des autr's bien entendu
Cell'-là on peut jamais la voir
A moins d'y voir les yeux fermés
Et l'périscop' dans les trous d'nez
Bien allongé sous le boul'vard
Suffit d'leur filer quat' bouts d'bois
Et d'fair' leur lit dans un peu d'glaise
Et d'leur chanter la Marseillaise
Et d'leur faire un' bell' jambe de bois

Arrête un peu tes cuivres
Et tes tambours
Et ramèn'moi l'accordéon
Arrête un peu tes cuivres
Que je puiss' finir ma chanson
Le temps que j'baise
Ma marseillaise

SALUT, BEATNIK !

Y'a la mer qu'a lavé la plage endimanchée
Y'a la vill' de travers et les grues déhanchées
Y'a les mecs dans la rue qui jouent au jeu des flics
Y'a des cons dans leur jeu qu'ont du jeu dans leur slip
Y'a l'automn' qui s'ramène avec ses foins brûlés
Et des moutons tondus qui n'iront pas voter
Y'a l'hiver et ses glace(s) aux oiseaux verglacés
Et la Sein' qui s'bagu'naude en cherchant ses noyés
Et c'est la vie qui va et les politic-chiottes
Et d'la Droite et d'la Gauche et de la Saint'-Parlotte
Tout ça, ça va trinquer à la santé, petit,
Et d'la France et du monde et des ordure(s) aussi
Y'a du rouge à Pékin et des môm's qui font ça
Le fumier ça s'conjugue aussi dans ces coins-là
Ceux-là quand ils auront leur content d'rizotto
Tu verras tes week-ends au safran mon coco !
T'es pas encor pourri et t'es comme un voilier
Sous les ponts de Paris tu navigue(s) arrêté
Ta guitar' dans la voix et ta voix sur l'horreur
Qui fait pousser les gens comm' ça au p'tit malheur
Beatnik fais-toi anar et puis va boire un coup
Avec ceux qu'ont trinqué en Espagne et partout
Avec ceux qui dis'nt non toujours pour le principe
Avec ceux qui tout nus ont l'air d'avoir des nippes
Avec ceux qui joyeux dans la course au malheur
Sont toujours les premier sont toujours les meilleurs
Avec ceux qu'ont Johnson au cul et quelques autres
Les fidel les mao les charlot les apôtres
DE LA TRISTESSE PARFOIS DE VIVRE
DE LA TRISTESSE

LA TRISTESSE

La tristesse a jeté ses feux rue d'Amsterdam
Dans les yeux d'une fille accrochée aux pavés
Les gens qui s'en allaient dans ce Paris de flamme
Ne la regardaient plus. Elle s'était pavée
La tristesse a changé d'hôtel et vit en face
Et la rue renversée dans ses yeux du malheur
Ne sait plus par quel bout se prendre et puis se casse
Au bout du boulevard comme un delta majeur

La tristesse...

C'est un chat étendu comme un drap sur la route
C'est ce vieux qui s'en va doucement se casser
C'est la peur de t'entendre aux frontières du doute
C'est la mélancolie qui a pris quelques années
C'est le chant du silence emprunté à l'automne
C'est les feuilles chaussant leurs lunettes d'hiver
C'est un chagrin passé qui prend le téléphone
C'est une flaque d'eau qui se prend pour la mer

La tristesse...

La tristesse a passé la main et court encore
On la voit quelquefois traîner dans le quartier
Ou prendre ses quartiers de joie dans le drugstore
Où meurent des idées découpées en quartiers
La tristesse a planqué tes yeux dans les étoiles
Et te mêle au silence étoilé des années
Dont le regard lumière est voilé de ces voiles
Dont tu t'en vas drapant ton destin constellé

La tristesse...

C'est cet enfant perdu au bout de mes caresses
C'est le sang de la terre avorté cette nuit
C'est le bruit de mes pas quand marche ta détresse

Et c'est l'imaginaire au coin de la folie
C'est ta gorge en allée de ce foulard de soie
C'est un soleil bâtard bon pour les rayons « X »
C'est la pension pour Un dans un caveau pour trois
C'est un espoir perdu qui se cherche un préfixe

Le désespoir...

LE BONHEUR

Madame ?
Où courez-vous dans le silence
Du tohu-bohu de la rue
Madame ?
Tu vas retrouver ton amant
Pendant que ton mari travaille
Madame ?
Le bonheur ça vaut pas trois mailles
Madame ?
Aussitôt là faut qu'il s'en aille
Alors...

Profite de l'après-midi

Madame ?

Où courez-vous dans le vacarme
Et le silence du devoir
Madame ?
Tu vas retrouver ton mari
Pendant que l'Autre fait la pause
Madame ?
Le bonheur ça n'est pas grand'chose
Madame ?
C'est du chagrin qui se repose
Alors

Il ne faut pas le réveiller

Le bonheur...

QU'EST'C'QUE C'EST ?

MA VIE EST UN SLALOM

Ma vie est un slalom entre mes ombres

Dans la brume là-bas je vois un assassin
Tout empourpré dans le couchant qui tend l'épaule
Un soleil ça descend toujours comme un vaurien
Ça vous met son couteau entre les pôles

J'ai peur de ce soleil maman, je ne sais rien
Ni toi ni moi ni eux ni ce chagrin de l'aube
Qui me fait chaque fois renaître du destin
Que vous croyez heureux qui n'est que machinal

Ma vie est un slalom entre mon mal

Mes cheveux n'ont plus de licol
Mes chiens n'ont plus de muselière
Et mes hiboux prennent leur vol
Tout à l'heure à Orly-sur-terre

Mes araignées font des habits
Pour les princesses de la Mort
Mes hiboux dans les bars de nuit
Boivent la mienne au ralenti

Je suis d'ici je suis d'ailleurs
Je ne suis pas et que t'importe
A toi la fille au joli cœur
Qui s'en va mesurant ma porte

A peine rabattue sur moi
Ma porte comme une visière
Ombre ma gueule d'où je vois
Tant de lumière sans lumière

Ma vie est un slalom machinal machinal
Mon ombre a son soleil qui lui lèche sa trace
Quelle horreur de m'entendre

Quelle horreur de gueuler
Quand pourrai-je m'étendre sur une marge nette
Et regarder passer le texte a la lunette

Etre l'indifférent sur le monde accroupi

Le monde fait toujours pipi le cul par terre

L'espoir vaincu
L'espoir debout
L'espoir caché

Et puis le désespoir qui lui sert d'arrangeur

Ma vie est un slalom entre mon cœur

Ça pue l'éternité dans ce bar-discothèque
L'éternité de la matière à « music-love »
Et ces couples muets devant l'imaginaire
Cet adultère abstrait encombré de pilules
Au moins s'ils connaissaient le « sacre du printemps »...
Et moi qui meurs de froid devant ma page blanche

LA SOLITUDE

Je suis d'un autre pays que le vôtre, d'un autre quartier, d'une autre solitude.
Je m'invente aujourd'hui des chemins de traverse. Je ne suis plus de chez vous.
J'attends des mutants. Biologiquement je m'arrange avec l'idée que je me fais de la biologie : je pisse, j'éjacule, je pleure. Il est de toute première instance que nous façonnions nos idées comme s'il s'agissait d'objets manufacturés.
Je suis prêt à vous procurer les moules. Mais...

la solitude...

Les moules sont d'une texture nouvelle, je vous avertis. Ils ont été coulés demain matin. Si vous n'avez pas, dès ce jour, le sentiment relatif de votre durée, il est inutile de vous transmettre, il est inutile de regarder devant vous car devant c'est derrière, la nuit c'est le jour. Et...

la solitude...

Il est de toute première instance que les laveries automatiques, au coin des rues, soient aussi imperturbables que les feux d'arrêt ou de voie libre. Les flics du détersif vous indiqueront la case où il vous sera loisible de laver ce que vous croyez être votre conscience et qui n'est qu'une dépendance de l'ordinateur neurophile qui vous sert de cerveau. Et pourtant...

la solitude...

Le désespoir est une forme supérieure de la critique. Pour le moment, nous l'appellerons « bonheur », les mots que vous employez n'étant plus « les mots » mais une sorte de conduit à travers lequel les analphabètes se font bonne conscience. Mais...

la solitude...

Le Code Civil nous en parlerons plus tard. Pour le moment, je voudrais codifier l'incodifiable. Je voudrais mesurer vos danaïdes démocraties.
Je voudrais m'insérer dans le vide absolu et devenir le non-dit, le non avenu, le non vierge par manque de lucidité. La lucidité se tient dans mon froc.

L'AMOUR FOU

La mer en vous comme un cadeau
Et dans vos vagues enveloppée
Tandis que de vos doigts glacés
Vous m'inventez sur un seul mot
O Ma Frégate des hauts-fonds
Petite frangine du mal
Remettez-vous de la passion
Venez que je vous fasse mal
Je vous dirai des mots d'amour
Des mots de rien de tous les jours
Les mots du pire et du meilleur
Et puis des mots venus d'ailleurs
Je vous dirai que je t'aimais
Tu me diras que vous m'aimez
Vous me ferez ce que tu peux
Je vous dirai ce que tu veux
Je vous dirai ce que tu veux

Je vous aime d'amour

Si t'as seize ans et des poussières
A nous deux ça fait des années
Que je prépare ma galère
A te ramer à t'affoler
Voilà que tu cherches ton bien
Dans les vitrines de ma nuit
Achète-moi je ne vaux rien
Puisque l'amour n'a pas de prix
Comme une louve sous son loup
Quand je vous ferai des petits
Vous banderez vos yeux jaloux
Avec un loup de satin gris
Tout comme est gris le jour qui va
Petite sœur écoutez-moi
Comme un bateau entre mes doigts

Vous coulerez je vous le dois
Vous coulerez je vous le dois

Je vous aime d'amour

Si la mort avait ton regard
Je meurs ce soir sans regarder
Et te demanderai ma part
Au bord du vide et des baisers
L'amour ça ne meurt que la nuit
Alors habille-toi en moi
Avec un peu de rouge aussi
J'aurai ta mort entre mes bras
Lorsque vous me mettrez en croix
Dans votre forêt bien apprise
Et que je boirai tout en bas
La sève tant et tant promise
Je vous engouffrerai de sang
Pendant que vous serez charmée
Et je vous donnerai l'enfant
Que vous n'avez jamais été
Que vous n'avez jamais été

Je vous aime d'amour

TON STYLE

Tous ces cris de la rue ces mecs ces magasins
Où je te vois dans les rayons comme une offense
Aux bijoux de trois sous aux lingeries de rien
Ces ombres dans les yeux des femmes quand tu passes
Tous ces bruits tous ces chants et ces parfums passants
Quand tu t'y mets dedans ou quand je t'y exile
Pour t'aimer de plus loin comme ça en passant
Tous ces trucs un peu dingues tout cela c'est ton style

Ton style c'est ton cul c'est ton cul c'est ton cul
Ton style c'est ma loi quand tu t'y plies salope !
C'est mon sang à ta plaie c'est ton feu à mes clopes
C'est l'amour à genoux et qui n'en finit plus
Ton style c'est ton cul c'est ton cul c'est ton cul

Tous ces ports de la nuit ce môme qu'on voudrait bien
Et puis qu'on ne veut plus dès que tu me fais signe
Au coin d'une réplique enfoncée dans ton bien
Par le sang de ma grappe et le vin de ta vigne
Tout cela se mêlant en mémoire de nous
Dans ces mondes perdus de l'an quatre-vingt mille
Quand nous n'y serons plus et quand nous renaîtrons
Tous ces trucs un peu fous tout cela c'est ton style

Ton style c'est ton cul c'est ton cul c'est ton cul
Ton style c'est ton droit quand j'ai droit à ton style
C'est ce jeu de l'enfer de face et puis de pile
C'est l'amour qui se tait quand tu ne chantes plus
Ton style c'est ton cul c'est ton cul c'est ton cul

A tant vouloir connaître on ne connaît plus rien
Ce qui me plaît chez toi c'est ce que j'imagine
A la pointe d'un geste au secours de ma main
A ta bouche inventée au-delà de l'indigne
Dans ces rues de la nuit avec mes yeux masqués

Quand tu ne reconnais de moi qu'un certain style
Quand je fais de moi-même un autre imaginé
Tous ces trucs imprudents tout cela c'est ton style

Ton style c'est ton cul c'est ton cul c'est ton cul
Ton style c'est ta loi quand je m'y plie salope !
C'est ta plaie c'est mon sang c'est ma cendre à tes clopes
Quand la nuit a jeté ses feux et qu'elle meurt
Ton style c'est ton coeur c'est ton coeur c'est ton coeur

LOVE

Cette parole
Que j'attendais sans te connaître
Que j'accrochais à ma fenêtre
Qui traînait pas dans les affaires
Des gens qui me faisaient la guerre
Cette parole
Qui met dans mon vocabulaire
De quoi t'apprendre les manières
Cette parole

LOVE

Cette parole
Qui traîne au nez des catastrophes
Qui vaut bien cent dix mille strophes
Qui te suffit quand je la chante
Qui coule en toi quand je t'enchante
Cette parole
Qui fait du vice la vertu
Qui met le pouvoir dans la rue
Cette parole

LOVE

Cette parole
Que tu syllabes après la fête
Qui met la fête dans la tête
Et puis ta tête dans la mienne
Et puis ma tête dans la tienne
Cette parole
Qui s'est barrée du dictionnaire
Où elle n'avait plus rien à faire
Cette parole

LOVE

Cette parole
Qui peuple notre solitude
Qui meurt au seuil de l'habitude
Qui se fait avant de se dire
Qu'on dit quand y'a plus rien à dire
Cette parole
Qui fait les hommes fraternels
Qui sort les filles des bordels
Cette parole

LOVE

Cette parole
Comme une arme contre l'offense
Comme un sourire du silence
Comme un passeur de l'autre monde
Comme un destin qui fait sa ronde
Cette parole
Comme la raison qui pâlit
Comme le prix de la folie
Cette parole

LOVE

Cette parole
Comme une porte sur le large
Comme mon texte dans ta marge
Comme tes yeux dans mon ramage
Comme moi dans ton fuselage
Cette parole
Comme le salaire du rêve
Et comme le pavé qui lève
Cette parole

LOVE

JE TE DONNE

Les fleurs à inventer les jouets d'une comète
Les raisons d'être fou la folie dans ta tête
Des avions en allés vers tes désirs perdus
Et moi comme un radar à leurs ailes pendu
Des embruns dans tes yeux et la mer dans ton ventre
Un orgue dans ta voix chaque fois que je rentre
Des chagrins en couleur riant à ton chevet
Les lampes de mes yeux pour mieux les éclairer

Les parfums de la nuit quand ils montent d'Espagne
Les accessoires du dimanche sous ton pagne
Les larmes de la joie quand elle est à genoux
Le rire du soleil quand le soleil s'en fout
Les souvenirs de ceux qui n'ont plus de mémoire
L'avenir en pilules toi et moi pour y croire
Des passeports pour t'en aller t'*Einsteiniser*
Vers cet univers glauque où meurent nos idées

Des automates te parlant de mes problèmes
Et cette clef à remonter qui dit : « je t'aime »
Un jardin dans ton cœur avec un jardinier
Qui va chez mon fleuriste et t'invite à dîner
Des comptes indécis chez ton marchand de rêves
Un sablier à ton poignet des murs qui lèvent
Des chagrins brodés main pour t'enchaîner à moi
Des armes surréelles pour me tuer cent fois

Cette chose qu'on pense être du *feu de Dieu*
Cette mer qui remonte aux pieds de ton vacarme
Ces portes de l'enfer devant quoi tu désarmes
Ces serments de la nuit qui peuplent nos aveux
Et cette joie qui fout le camp de ton collant
Ces silences perdus au bout d'une parole
Et ces ailes cassées chaque fois qu'on s'envole
Ce temps qui ne tient plus qu'à *Trois... deux... un... zéro !*

JE TE DONNE TOUT ÇA, *MARIE !*

LA « THE NANA »

La « the nana »
C'est dans la voix et dans le geste
La « the nana »
C'est « the nana » avec un zeste
La « the nana »
Quant à la jupe à ras l'bonbon
La « the nana »
C'est pas compliqué mais c'est bon
La « the nana »
Que ça vous mate ou qu'ça vous touche
La « the nana »
C'est l'eau courante au fond d'la bouche
La « the nana »
Et quand ça vous r'file un' galoche
La « the nana »
Tu joues complet dans ton cinoche

La « the nana »
C'est dans la taille et dans le faste
La « the nana »
C'est « the nana » et puis c'est baste
La « the nana »
Quant à chômer devant son cul
La « the nana »
Les chômeurs ça court pas les rues
La « the nana »
Que ça se traîne ou qu'ça s'trimballe
La « the nana »
Au septième ciel tu fais tes malles
La « the nana »
Et tu lui red'mand's un ticket
La « the nana »
Pour t'emballer au bout du quai

La « the nana »
C'est du jasmin sous un' guenille

La « the nana »
Du cousu-main en espadrilles
La « the nana »
C'est un' prison dans sa bastille
La « the nana »
C'est du vison en haut des quilles
La « the nana »
Quand ça t'emballe au bout d'la rue
La « the nana »
Ça t'fait marron et ça t'lâche plus
La « the nana »
Quand ça vient lire au fond du page
La « the nana »
T'as mêm' plus l'temps d'tourner les pages

La « the nana »
C'est des baisers c'est des caresses
La « the nana »
A t'défoncer le tiroir-caisse
La « the nana »
C'est d'la panthère qu'on t'sert en tasse
La « the nana »
Faut laisser faire et puis ça passe
La « the nana »
C'est comme un ange qu'aurait pas d'ailes
La « the nana »
C'est un jouet au bout d'une ficelle
La « the nana »
C'est un chagrin qui va tout nu
La « the nana »
C'est un cri perdu dans la rue

La « the nana »
C'est dans la voix et dans le geste
La « the nana »
C'est « the nana » avec un zeste
La « the nana »
Quant à la jupe à ras l'bonbon
La « the nana »
C'est pas qu'c'est gagné... mais c'est bon...

LA FLEUR DE L'AGE

La fleur de l'âge
C'est une idée dans ton corsage
Une idée longue d'une nuit
C'est l'olivier dans ton abîme
Quand tes fruits lourds m'inondent
Et que mon bec te lime
La fleur de l'âge

Les coqu'licots c'est mes copains
Alors tu m'donnes tes coqu'licots
Et tes pensées c'est mon destin
Alors tu penses et tout va bien
La fleur des champs se donn' des airs
Alors tu prends la clef des champs
Pour t'en aller dans le désert
De cet amour qui va tremblant
Les mots d'amour c'est comm' les fleurs
Ça ne s'épelle qu'une fois
Je t'aime ici je t'aime ailleurs
Je vous aime toutes à la fois
Dans ton jardin j'ai tout cueilli
Il ne reste rien pour nous deux
Qu'un peu du soleil de ta vie
Qu'un peu de neige à mes cheveux

La fleur de l'âge
C'est une source qui se page
Et que je vais tarir aussi
C'est des ciseaux dans tes nocturnes
Quand leurs larmes te brisent
En mille éclats de brume
La fleur de l'âge

Les Belles de Nuit dorment le jour
Et toi tu es belle comm' la nuit
Et ta violette c'est l'amour

Moi qui te viole à la folie
Cette folie qui dure un temps
Comme le temps des Immortelles
Dans l'éternité de l'instant
Qui te prolonge et qui t'appelle
Les mots d'amour c'est comm' les fleurs
Ça ne se cueille qu'une fois
Je t'aime un peu de tout mon cœur
Et je m'effeuille entre tes doigts
Dans mon jardin tout est coupé
Il ne reste rien pour demain
Qu'un peu de ma joie en allée
Dans ta bruyère de satin

La fleur de l'âge
C'est l'avenir qui meurt à l'aube
Quand tu oublies que je t'oublie
C'est un éclair dans ta corolle
Dans le plein de la nuit
Lorsque tu me racoles

COMME UN SOLEIL QUI RACOLE DES OMBRES...

LA BANLIEUE

C'est pas tell'ment leurs yeux
Et leur manchon d'fusain
Qu'on allum' comme on peut
Dès que la nuit revient
Moi c'qui m'plaît chez les filles
C'est beaucoup mieux
C'est pas leurs longs cheveux
Larguée sur l'oreiller
Comm' des voil's d'amoureux
Qui vont appareiller
Moi c'qui m'plaît chez les filles
C'est la banlieue
C'est pas tell'ment leurs bras
Comme un' pinc' multiprise
Et qui vous prenn'nt comm'ça
Quand vient l'temps des cerises
Moi c'qui m'plaît chez les filles
C'est beaucoup mieux
C'est pas tell'ment leurs lèvres
A rougir les aveux
Ni leur gorge de sèvres
A chanter l'couvre-feu
Moi c'qui m'plaît chez les filles
C'est la banlieue

C'est pas tell'ment leur âme
Qui brill' dans leurs yeux las
Ces lampes de la femme
S'usent quand on n's'en sert pas
Moi c'qui m'plaît chez les filles
C'est beaucoup mieux
C'est pas leurs mains de fée
A coudre au petit jour
La nappe où l'on refait
La noce après l'amour

Moi c'qui m'plaît chez les filles
C'est la banlieue
C'est pas dans leur Pigalle
Et leurs dentell's western
Que j'm'en vais fair' la malle
Quand ma vie devient terne
Quand je brûle pour les filles
Au feu de Dieu
C'est pas pour leur p'tit' gueule
Que j'irais vendre mon âme
Et quand j'me r'trouv'rais seul
Pour mes dernières gammes

Moi j'crèv'rai sans un' fille
Dans une banlieue

LE MAL

Dans tes yeux le mal qui se traîne
Comme une idée de crucifix
Dans tes mains le mal qui s'promène
Avec un vieux rêve rougi
Dans ton cœur le mal qui se soûle
De quelques minutes d'oubli
Et puis dans l'ombre le bien qui coule
Dans la rivière de la nuit

Dans tes yeux le mal qui se love
Dans un coin où je ne vais pas
Dans tes mains le mal qui se sauve
Et que tu files entre tes doigts
Dans ton cœur le mal que consume
Ce feu qui n'en finit jamais
Et puis dans l'ombre le bien qui écume
Comme des chevaux démarrés

Dans tes yeux le mal qui s'habille
Pour me sortir dans ton pays
Dans tes mains le mal qui grapille
Les grappes lourdes de la vie
Dans ton cœur le mal qui s'achève
Dans un sanglot et dans un cri
Lorsque dans l'ombre le bien se lève
Comme le jour après la nuit

JE T'AIMAIS BIEN, TU SAIS...

Je te vois comme une algue bleue dans l'autobus
A la marée du soir Gare St-Lazare
Mon Amour
Je te vois comme un cygne noir sur la chaussée
A la marée du soir Gare St-Lazare
Quand ça descend vers le Tiers-Monde
Mon Amour
Je te vois avec ta gueule électronique
Et des fils se joignant comme des mains perdues
Je te vois dans les bals d'avant la guerre
Avec du swing dans l'écarlate de la nuit
A peine un peu tirée sur l'ourlet de tes lèvres

Je t'aimais bien, tu sais
Je t'aimais bien, tu sais
Jusqu'au fond de l'amour
Au plus profond de toi
Mon Amour
Je t'aimais bien, tu sais
Je t'aimais bien, tu sais
Je te sais dans les bras d'un autre et je calcule
L'arrivée de ce flot le cubage des brumes
Qui vont porter le deuil dans ton lit de fortune
Je t'aimais bien
Tu ordonnances la clarté de tes prunelles
A petits coups de rame en rimmel tu te tires
Vers les pays communs dans la nuit qui s'évade

Je me maquillerai ce soir sous l'arche de tes hanches
Une cigarette aussi... Donne-m'en une
Tiens, ma goulée, la dernière
Mon Amour
Tu m'entres dans les poumons
Ça fait tout bleu dans mes éponges
Tu plonges tu plonges

Une cigarette aussi
Ta goulée verte c'est mon espoir qui s'allume
Comme les phares sur les côtes d'acier
Mon Amour
Ces marques de la vie qui portent des sanglots
Ces marques de l'amour qui portent les dents longues

Je t'aimais bien, tu sais
Je t'aimais bien, tu sais
Jusqu'au fond de l'amour
Au plus profond de toi
Mon Amour
Je t'aimais bien, tu sais
Je t'aimais bien, tu sais
Je n'ai plus de raccord pour te raccorder
La prise dans mes dents je suis mort cet automne
Sous tes cheveux rouquins passés au Héné Sun
J'étais cuivré comme au fond de la rancœur des hommes
O ma Vierge inventée O ma vierge inventée...
Je t'aimais bien, tu sais
Je t'aimais bien, tu sais
Je t'aimais bien, tu sais
Je t'imagine dans les soirs de Paris
Dans le ciel maculé des accumulateurs
J'accumule du vert de peur d'en être infirme
Le vert de la prairie le long du quai aux fleurs
Je l'ai mis de côté l'autre hiver pour t'abstraire
Ton figuré avec ses rides au point du jour ça me dégueule

Je t'aimais bien, tu sais
Je t'aimais...

LA JALOUSIE

Dis-moi la jalousie comment ça fait comment ça vient
Comment ça va Dis-moi comment ça s'fringue aussi la jalousie dis-moi
Avec des bas tirés dessus comme une arme qui se dégaine
Et qui poursuit des rêves vieux de cent mille ans
Avec au creux des dents de loup
Dis-moi la jalousie quand ça te prend au fond d'un lit où tu es seul
Avec dans le plafond des araignées
Qui tissent un peu de ta mélancolie
Que tu prendras demain matin sur l'autoroute
A te traîner aux portes de Paris

Dis-moi la jalousie comment ça fait comment ça vient
Comment ça va Dis-moi comment ça fait des trous la jalousie dis-moi
Avec des yeux qui sont doublés comme un radar qui se souvient
En pleine nuit de mille autres yeux tout cernés
Avec au fond des revolvers
Dis-moi la jalousie quand ça te prend au bord du gouffre où tu es seul
Avec au fond dans la vallée du sang
Versé dans les poubelles de l'amour
Dans les fanfares du retour sur l'autoroute
A te rentrer dans ta banlieue Dis-moi

Dis-moi la jalousie comment ça fait comment ça vient
Comment ça va Dis-moi comment ça tue le temps la jalousie dis-moi
Avec le chrono dans le cœur que tu n'arrêteras jamais
A moins qu'il ne s'arrête en plein milieu d'un lit
Meublé à deux à deux sans toi
Dis-moi la jalousie quand ça te prend au fond du creux dans la géométrie de ta banlieue avec ses mains
Qui grattent au ciel Dis-moi les revolvers

C'est pas fait pour les chiens et si tu n'es qu'un chien
T'as qu'à rentrer dans ta niche à moins que

A moins que... A moins que...

Allez... Tire-toi !

LA LETTRE

Ton ombre est là, sur ma table, et je ne saurais te dire comment le soleil factice des lampes s'en arrange

Je sais que tu es là et que tu ne m'as jamais quitté jamais

Je t'ai dans moi, au profond, dans le sang, et tu cours dans mes veines

Tu passes dans mon cœur et tu te purifies dans mes poumons

Je t'ai

Je te bois, je te vis, je t'envulve et c'est bien

Je t'apporte ce soir mon enfant de longtemps, celui que je me suis fait, tout seul, qui me ressemble, qui te ressemble, qui sort de ton ventre, de ton ventre qui est dans ma tête

Tu es la sœur, la fille, la compagne et la poule de ce Dieu tout brûlant qui éclaire nos nuits depuis que nous faisons nos nuits

Je t'aime

Il me semble qu'on m'a tiré de toi et qu'on t'a sortie de moi

Quand tu parles je m'enchante

Quand je chante je te parle

Nous venons d'ailleurs, tous les deux. Personne ne le sait.

Quand je mourrai tu ne pourras plus vivre que dans l'alarme
Tu n'auras plus un moment à toi
Tu seras mienne, par-delà ce chemin qui nous séparera
Et je t'appellerai
Et tu viendras

Si tu mourais, tu m'appellerais

Je suis la vie pour toi, et la peine, et la joie, et la Mort

Je meurs dans toi, et nos morts rassemblées feront une nouvelle vie,
Unique, comme si deux étoiles se rencontraient, comme si elles devaient le faire de toute éternité, comme si elles se collaient pour jouir à jamais

Ce que tu fais, c'est bien, puisque tu m'aimes

Ce que je fais, c'est bien, puisque je t'aime

A ce jour, à cette heure, à toujours, Mon Amour

EN FAISANT L'AMOUR

Ta dentelle par là quand la nuit la parfume
Ce violon de mouette et l'archet qui l'allume
Tu ressembles à la Mort quand la Mort me ressemble
Tu ressembles à ma vie et nous mourrons ensemble

Ces roulements ces pleurs ces bras qui s'émerveillent
A s'accrocher quand même au hasard qui les veille
Ces cris lorsque tu cries ces larmes quand tu pars
Au-delà de la vie au-delà de l'Espoir

Quand mon ange gardien revient te faire luire
Comme une étoile éteinte un peu pour ne rien dire
Sinon à Dieu là-bas qu'il ramasse tes cris
Sinon au diable enfin qu'il passe et nous sourit

Ta dentelle par là quand la nuit la parfume
Ce violon de mouette et l'archet qui l'allume
Tu ressembles à la Mort quand la Mort me ressemble
Tu ressembles à ma vie et nous mourrons ensemble

Viens que je fasse un peu briller ton émeraude
Elle est noire ce soir comme un chagrin de l'aube
Quand l'aube nous apprend avec du noir aux yeux
Qu'un loup tout fait de soie se dresse en ton milieu

Et puis tes yeux là-bas derrière l'Univers
Comme si de tes yeux tu m'apportais l'envers
De tout de rien de toi de la vie passagère
Et quand tu t'ouvres enfin j'entre l'âme légère

Ta dentelle par là quand la nuit la parfume
Ce violon de mouette et l'archet qui l'allume
Tu ressembles à la Mort quand la Mort me ressemble
Tu ressembles à ma vie et nous mourrons ensemble

EN FAISANT L'AMOUR

CHRISTIE

Christie
Christie quand je t'ai vue plonger
Mes vergues de rocs où ça cogne
Des feuilles mortes se peignaient
Quelque part dans la Catalogne
Christie
Le rite de mort aperçu
Sous un divan de sapin triste
Je m'en souviens j'étais perdu
La Camarde est ma cellériste
C'était un peu après midi
Tu luisais des feux de l'écume
On rentrait dans la chantilly
Avec les psaumes de la brume
La mer en bas criait ton nom
Ce poudrier serti de lames
Où Dieu se refait le chignon
Quand il se prend pour une femme
Christie... Christie...

Christie
Christie mon encre Waterman
Me fait ton mousse d'algue douce
La mort est comme un policeman
Qui passe sa vie à mes trousses
Christie
Je prendrai le train de marée
Avec le rêve de service
A dix-neuf heures GMT
Vers l'horizon qui pain d'épice
Christie du tort et du malheur
Christie perdue des revoyures
Nous nous reverrons sous les fleurs
Qui là-bas poussent des augures
Tous mes chevaux viendront te voir

Au fond de moi quand tu voudras
Ils te traîneront dans l'espoir
Comme tu traînes dans mes bras
Christie... Christie...

Christie
Je fais tes bars américains
Et je mets tes squales en laisse
La Mort aboie dessous mon bien
Elle nous laissera son adresse
Christie
Je suis triste comme un paquet
Sémaphorant à la consigne
Quand donnera-t-on le ticket
A cet employé de la guigne
Pour que nous partions dans l'hiver
Des brebis mortes au vent qui bêle
Manger du toc sous les feux verts
Que la mer allume sous elle
Avec des yeux d'habitants louches
Qui nagent dur dedans l'espoir
Beaux yeux de nuit comme des bouches
Qui regardent des baisers noirs
Christie... Christie...

Christie
Christie quand tu viens de la mer
Tu m'envoies ton odeur genièvre
Ça bêle dur dans ce désert
Les moutons broutent sous tes lèvres
Christie
Et ta houle les entretient
Leur laine tricote du large
De quoi vêtir les yeux marins
Qui dans tes vieux songes déchargent
O lavandière du jusant
Les galets mouillés que tu laisses
J'y vois comme des culs d'enfants
Qui dessalent tant que tu baisses
Il frôle un peu de l'horizon
Ta parallèle à peu près jointe
Il suinte un peu de ta maison
Ta lumière qui s'est éteinte
Christie... Christie...

Christie
Christie ça sent le poivre doux
Quand ton crépuscule pommade
Et que j'enflamme l'amadou
Pour mieux brûler ta chair malade
Christie
O ma frégate du palier
Sur l'océan des hachélèmes
Ta voilure est dans l'escalier
Reviens vite que je t'emblème
Toi dont l'étoile fait de l'œil
A ces astronomes qu'escortent
Des équations dans leur fauteuil
A regarder des flammes mortes
La galaxie a pris le deuil
Depuis que ton étoile chante
Et que dans le fond de ton œil
Toute l'Espagne se lamente
Christie... Christie...

LES AMANTS TRISTES

On dit dans ton quartier que tu as froid aux yeux
Que t'y mets des fichus de bandes dessinées
Et que les gens te lisent un peu comme tu veux
Tu leur fais avaler tes monts et tes vallées

Tu es aux carrefours avec le rouge mis
On y attend du vert de tes vertes prairies
Alors que j'ai fauché ce matin dans ton lit
De quoi nourrir l'hiver et ma mélancolie

Mélancolie mélancolie la mer revient
Je t'attends sur le quai avec tes bateaux blêmes
Tes poissons d'argent bleu tes paniers ton destin
Et mes mouettes dans tes cris comme une traîne

Je connais une femme lubrique à Paris
Qui mange mes syllabes et me les rend indemnes
Avec de la musique autour qui me sourit
Demain je lui dirai des hiboux qui s'envolent
J'en connais dans ma nuit qui n'ont pas de fourrure
Qui crèvent doucement de froid dans l'antarctique
De cette négation d'aimer au bout de l'ombre
Mes oiseaux font de l'ombre en plein minuit néon
Sous les verts plébiscites

Tu connais une femme lubrique à Moscou
Qui mange tes syllabes et les met dans ton bortsch
Il connaît une femme lubrique à Pékin
Qui mange sa muraille et la donne au Parti
Demain nous leur dirons des hiboux qui s'envolent
J'en connais dans leur nuit qui n'ont plus de jaquette
Qui crèvent doucement de froid sous leur casquette
Avec leurs beaux yeux d'or mêlés du Palomar là-bas
Vers les voix de la nuit des étoiles perdues
J'entends des sons lointains qui cherchent des caresses

Et dans les faits divers là-bas ça s'exaspère
Et ça tue le chagrin comme on tue la flicaille
Au coin d'un vieux soleil exténué des glaces

Mélancolie Mélancolie la mer se calme
Je vois monter partout des filles et des palmes
Avec des fruits huilés dans la fente alanguie
Les matelots me font des signes de fortune
Ils se noient dans le sang du soleil descendant
Vers l'Ouest toujours à l'Ouest Western de carton-pâte
Le dentifrice dans la nuit se tient au rose
Un néon de misère emprunté à tes yeux

Viens je t'emmènerai là-bas vers les grands astres
Dans le désastre du matin ou chez Renault
Voir comment l'on fabrique un chef et des autos
Voir la pitié grandir sur des croix qui s'enchristent

Je t'aimerai sur la chaussée et son collant
Ton goudron j'y prendrai le suc de mes cavales
J'aurai l'air d'un roi nègre tu mettras a la moelle
Où je glouglouterai repu ton sentiment

Ton sentiment a le goût de gazelle
Ton ventre n'est qu'un champ de lavande à midi
Et mon couteau qui crisse en y fauchant ma mie
Est d'un faucheur distrait qui s'éploie sous ton aile
Il est au féminin ton sentiment
Il est comme ces demoiselles qui en ont à revendre
Et qui le vendent bien

Ton sentiment me fait gonfler mes voiles d'ange
Ton sentiment me fait du bien au sentiment
Et les fleurs du pavé poussent des cris étranges
Moi qui viens du pavé vers toi et me dressant

Et moi je ne te prends que ce que je te dois
Si je n'avais que du sentiment à te filer
Il y a bien longtemps que tu m'aurais banni
De ton fief de ton cul de ta loi de tes langes
Il y a bien longtemps que tu te serais cassée

Mais tu m'as réveillé
Et tu nous as tirés de notre mort quotidienne
Et puis toi tu te meurs dans la rue à midi

Sous des floppées de soleils mous
Et de ces mecs qui te prennent dans les mirettes
Et qui te mirent bien dans l'os
Des fois que leur labo pourrait leur renvoyer subito
Ta dégaine grandeur naturliche
A la mesure de leur page
Des fois le soir ils te prendraient impunément
Ils s'empaquèteraient de toi
De ton devoir de grue
Comme dans un journal

Au fond t'es un journal

Je te lis je te plie je te froisse et tu cries
Quand on froisse la soie la forêt sa copine
Lui fait des cris de sœur lui fait des cris sublimes
La soie du crépuscule a des cris de velours
Dans des lits de parade
Dans ces feuilles d'automne
Des taches de rousseur sur la gueule des bois
Je te lis je te plie je te froisse et tu cries

Au fond t'es un journal

Tu t'en prendrais plutôt pour cinq colonnes
Chez toi le fait divers sonne comme un outrage
Tu es partout chez toi et même aux mots croisés
Tu m'y fais deviner les armes de ta voix
Je t'aime et verticalement c'est bien
Tu croises dans mes yeux quand je suis ton pirate
Je te lis je te plie je te froisse et tu cries

Quand je t'aurai bien lue y compris les annonces

J'irai au marché aux poissons
Et t'envelopperai de moules vertes

Au fond t'es un journal mouillé

Avec ta robe imprimée en blanc et noir
Et tes paroles que personne ne pourra plus lire
Tu seras ma dernière nouvelle effacée sur le sable

Tu seras mienne pour la mort je t'aime

Et même avec la fin du monde
La fin du monde abstraite où tout n'est que chiffré

Avec ces cœurs d'acier leurs battements chiffrés
Avec ces poumons d'or dans les cages-ascenseurs
Où l'on se tient debout où l'on se tient ailleurs
Tu vas descendre là pour t'entendre rêver
Même le rêve gueule à n'y pouvoir plus rien
Le silence est rempli du silence trop plein
Quand ça déborde on croit venue la fin des temps
De ces temps mesurés sur des machines obscènes
Où les minutes ont des cons qui se promènent
En se prenant pour l'Eternité
Et même avec la fin du monde
Je me démerderai pour que t'y vois que dalle
Que dalle c'est pas mal ça ne fait que passer
Ce rien qui prend ses aises aux week-ends de la mort
Quand les ballots y accélèrent leurs victimes
Enchâssée enchristée encollée à mon froc
Tu partiras là-bas vers des boutiques fantastiques
Vers le supermarché où l'on vend la paresse
Où l'on vend de la mort aussi quand on s'y laisse
Où l'on vend la fumée et le vent en paquet
Et l'on paie en sortant avec des sortilèges

L'instant

Il va fondre sur toi comme la foudre
Trois cent mille bornes à la seconde
Il n'aura plus le temps de s'attarder au feu rouge
On grillera les feux d'alarme
Et ma pensée qui te devance

Regarde

Ecoute bien le chant de cet enfant maudit
Que tu croiras ton mec et qui n'est qu'un mirage
Oublié par ma mère au fond d'une poubelle
Cette éternelle nuit

Bien se laver le cul c'est donc ça le désordre !

Regarde-moi là dans mes yeux regarde il vient l'instant

Comme à l'automne les bandits jaunes
Qui font aux arbres des hold-up mordorés
Et tu vas t'envahir
Et tu vas t'immerger
Et te coloniser
Tu es seule dans mes pattes

Comme un saxo gueulant des chants désespérés
Tes cris sont des violons des rues
Des flûtes de laiton
Et tu t'en fous
C'est là il est là
Entends la mer qui te remonte dans la gueule
Et cette marée double au fond de tes yeux-feu
Dans le feu de tes yeux mon regard s'est éteint

Crie crie crie

Tu es moi
JE c'est toi
Comment t'appelles-tu ?
Tu t'appelles « la nuit » dans le ventre des filles
De ces filles qui roulent au bord de la mort lente
Tu t'appelles l'amour Tu es toutes les femmes
Tu es TOI tu es ELLES
Des niagaras vernis me tombent dans la gueule

Crie crie crie

Tu n'es plus là parce que tu es moi
Et que je suis ailleurs
JE et TOI C'est tout comme
Et l'on s'en va mourir au club des nuits cassées

Qui donc réparera l'âme des amants tristes
Qui donc réparera l'âme des amants tristes
Qui donc réparera l'âme des amants tristes

Qui donc ?

LA MÉLANCOLIE

C'est un' rue barrée
C'est c'qu'on peut pas dire
C'est dix ans d'purée
Dans un souvenir
C'est ce qu'on voudrait
Sans devoir choisir
C'est un chat perdu
Qu'on croit retrouvé
C'est un chien de plus
Dans le mond' qu'on sait
C'est un nom de rue
Où l'on va jamais
C'est se r'trouver seul
Plac' de l'Opéra
Quand le flic t'engueule
Et qu'il ne sait pas
Que tu le dégueules
En rentrant chez toi
C'est décontracté
Ouvrir la télé
Et r'garder distrait
Un Zitron' pressé
T'parler du tiercé
Que tu n'as pas joué
C'est voir un mendiant
Chez l'conseil fiscal
C'est voir deux amants
Qui lis'nt le journal
C'est voir sa maman
Chaqu'fois qu'on s'voit mal
C'est revoir Garbo
Dans la Rein' Christine
C'est revoir Charlot
A l'âge de Chaplin
C'est Victor Hugo

Et Léopoldine
C'est sous la teinture
Avoir les ch'veux blancs
C'est sous la parure
Fair' la part des ans
Et sous la blessure
Voir passer le temps
C'est un chimpanzé
Au zoo d'Anvers
Qui meurt à moitié
Qui meurt à l'envers
Qui donn'rait ses pieds
Pour un revolver
C'est les yeux des chiens
Quand il pleut des os
C'est les bras du Bien
Quand le Mal est beau
C'est quelquefois rien
C'est quelquefois trop
C'est voir dans la pluie
Le sourir' du vent
Et dans l'éclaircie
La gueul' du printemps
C'est dans les soucis
N'voir qu'la fleur des champs
C'est regarder l'eau
D'un dernier regard
Et faire la peau
Au divin hasard
Et rentrer penaud
Et rentrer peinard
C'est avoir le noir
Sans savoir très bien
Ce qu'il faudrait voir
Entre loup et chien
C'est un DÉSESPOIR
QU'A PAS LES MOYENS

C'EST LA VIE...

La mer qui vient et puis qui va
La nuit qui fait gris tous les chats

Le jour qui traîne comme un chien
A la recherche de ton bien

Le Pape qui prend le Bœing
Le gangster qui prend les sterlings

L'auto qui rate son effet
L'avion qui n'arrive jamais

C'est la vie...

La vierge qui attend l'amant
La putain qui vend ses serments

L'oiseau qui trouve son manger
A la barbe du boulanger

La Loi qui met les gens au trou
Et celle qui te prend tes sous

La grève qui n'a rien donné
Le Ministre dans le fumier

C'est la vie...

Les fruits que nous ne cueillons plus
Et le silence qui s'est tu

Les armes qui sont défendues
Les uniformes de la rue

Les urnes de la connerie
Les plébiscites qui nous plient

Le Tyran qui mourra demain
Les pissenlits des lendemains

C'est la vie...

Les jeunes que l'on dit perdus
Les parents qui ne parent plus

Les affections qu'on va faucher
Dans le champ des bars Elysées

Le macadam sur le pavé
Et les pavés d'publicité

Si Monsieur Lévybref pouvait
Il imprim'rait la Voie Lactée

C'est la vie...

Ces cosmonautes de deux sous
Qui marchent dans les astres mous

Les cons qui boiv'nt du petit lait
Dans leurs boîtes de « con-centrés »

L'aveuglement de notre amour
Et la mort qui bat le tambour

L'enfant que je ne t'ai pas fait
Toujours un d'moins à s'emmerder

Dans la vie...

PÉPÉE

T'avais les mains comm' des raquettes
Pépée
Et quand j'te f'sais les ongles
J'voyais des fleurs dans ta barbiche
T'avais les oreill's de Gainsbourg
Mais toi t'avais pas besoin d'scotch
Pour les r'plier la nuit
Tandis que lui... ben, oui !
Pépée

T'avais les yeux comm' des lucarnes
Pépée
Comme on en voit dans l'port d'Anvers
Quand les marins ont l'âme verte
Et qu'il leur faut des yeux d'rechange
Pour regarder la nuit des autres
Comme on r'gardait un chimpanzé
Chez les Ferré
Pépée

T'avais le cœur comme un tambour
Pépée
De ceux qu'on voile le vendredi saint
Vers les trois heures après midi
Pour regarder Jésus-machin
Souffler sur ses trent'trois bougies
Tandis que toi t'en avais qu'huit
Le sept avril
De soixante-huit
Pépée

J'voudrais avoir les mains d'la mort
Pépée
Et puis les yeux et puis le cœur
Et m'en venir coucher chez toi
Ça chang'rait rien à mon décor
On couche toujours avec des morts
Pépée

REQUIEM

Pour ce rythme inférieur dont t'informe la Mort
Pour ce chagrin du temps en six cent vingt-cinq lignes
Pour le bateau tranquille et qui se meurt de Port
Pour ce mouchoir à qui tes larmes font des signes

Pour le cheval enfant qui n'ira pas bien loin
Pour le mouton gracieux le couteau dans le rouge
Pour l'oiseau descendu qui te tient par la main
Pour l'homme désarmé devant l'arme qui bouge

Pour tes jeunes années à mourir chaque jour
Pour tes vieilles années à compter chaque année
Pour les feux de la nuit qui enflamment l'amour
Pour l'orgue de ta voix dans ta voix en allée

Pour la perforation qui fait l'ordinateur
Et pour l'ordinateur qui ordonne ton âme
Pour le percussionniste attentif à ton cœur
Pour son inattention au bout du cardiogramme

Pour l'enfant que tu portes au fond d'un autobus
Pour la nuit adultère où tu mets à la voile
Pour cet amant passeur qui ne passera plus
Pour la passion des araignées au fond des toiles
Pour l'aigle que tu couds sur le dos de ton jeans
Pour le loup qui se croit sur les yeux de quelqu'un
Pour le présent passé à l'imparfait du spleen
Pour le lièvre qui passe à la formule Un
Pour le chic d'une courbe où tu crois t'évader
Pour le chiffre évadé de la calculatrice
Pour le regard du chien qui veut te pardonner
Pour la Légion d'Honneur qui sort de ta matrice
Pour le salaire obscène qu'on ne peut pas montrer
Pour la haine montant du fond de l'habitude
Pour ce siècle imprudent aux trois quarts éventé
Pour ces milliards de cons qui font la solitude

Pour tout ça le silence

I HAVE A *RENDEZ-VOUS AVEC* THE WIND

Le vent épique épure
Métaphore de la nature
Avec ses règles de la pluie
Et ses nuages figurants

O le vent cette littérature des gouttières
Quand les citernes après boire
S'en vont chercher la pluie dans les ciels ténébreux

O le vent des tringles romantiques et idiotes
Comme les cordes d'un orchestre multitude
Et jouant à l'entr'acte des pokers de mégots
Avec la cigarette aux lèvres et au frichti
Eh ! là les cordes où êtes-vous ?

Dans le foutre ébloui d'un après-midi d'hiver
Quand Madame n'a pas eu ce qu'elle veut dans les ouïes

Le vent filou des bises des frilures
Gare d'ennui dans les tempêtes
Courant des formes des caresses
Dans les buis sur la tête des rocs
Avec le blanc d'écume et des mouillures
Le vent frileux filou des bises
Orgues des tramontanes malheureuses
Avalant des oiseaux dans les géométriques
Ennui des gares et des formes
Porteur des mauves odeurs de lèvres
Je vous salue dans l'antre des solitaires
Perché juché debout et face à votre gueule des ténèbres
Je vous arrive sain et sauf jeune encore
Je vous arrive emmenez-moi dans les mâtures de vos maisons du vide

De vos maisons vidées à clair matin
L'orgue s'en va frileux dans les rocs de caresses
Avalant des porteurs de mauves et de gueules

Perché juché debout face aux vides mâtures
Comme une soie de brume laine et de figures
Le vent filou des bises des frilures
Je vous arrive dans le suif avec mon sang
Et j'avale des lèvres en claironnant matin
Gare d'ennui dans les caresses
Forme debout des solitaires
Le vent frileux filou des bises

Entends-le siffler ce vent de merde
Ce vent en uniforme ce vent flic
Entends-le mon amour nous apporter les bienséances
Entends-le ce vent d'or ce vent des flammes
Des courages des gadoues du spectre enfin des pluies
Entends-le siffler mon amour c'est pour toi qu'il s'est encapé
De pied en roc d'écume en gueule de lèvre en vide

Le vent filou des bises des frilures
Le vent frileux filou des bises

Il fait vraiment très vent cette année à Anvers
Et même chez Gréta pas loin des docks de pines
Et pas loin de ces femmes épilées par des nègres
Au south d'Anvers
Anvers des bas tirés comme un rideau sur la Genèse

Ça coulait cette nuit très bleue comme la graine
Graine infâme et sereine et bleutée aussi comme mes veines
Ça coulait ça coulait rappelle-toi O non Je ne sais plus
Ça gonflait sous le froc comme un désir d'éclat
Ça gonflait ça gonflait et puis s'écartelait tout doux
Cette joie dispensée cette joie d'avant-guerre
Quand les cerises s'irisaient dans le matin frisquet
Enroulé à toi Oui comme un orage et l'outrage des vergues
M'enverguant le printemps Tout doux et fort
Et carrément dans l'os et dans le ténébreux et dans la fente
Obscénité mon dieu que tu me déployais
Ça gonflait sous le froc encore et puis encore
J'allais par les chemins visqueux dire mon orgue
Un chapelet vainqueur un désir de me pendre
A ce cou à ce froc à ta joie à ce gris tout vernis
J'étais noyé

Le vent filou des bises des frilures
Le vent frileux filou te baise

Je sais qu'à Rotterdam il pleut des cordes d'aventure
Tenez-vous bien dans les mouillures

Entends-le ce vent d'or mon amour
Entends-le donc siffler dans les haubans dans les coursives
Dans ce bar dégueulasse où je buvais de ta Griseness
IS GOOD FOR ME
Bière grise de ale
Et de Halle grup

Je troque un assassin contre une bise azur
Anvers c'est bien je t'ai rêvée

Entends-le mon amour nous apporter des bises crevettes
Et lentement je m'inondais de tes senteurs
Le poivre un peu lissé
L'aigre senteur des doux serments faits pour la frime
Dans ce Paris désert j'ai peur Je lime
Entends-le mon amour ployer sous l'incroyable

Et j'avale des lèvres en claironnant matin
Et j'avale ton suaire épanoui de l'aube
Et gonflé et superbe et riant et sinistre et soyeux
Viens viens viens
Et j'avale ton ixe en claironnant matin
Et j'avalise des poufiasses en te serrant le chinchilla
Comme Gréta qui s'en va d'où ? Du chinchilla ? Perhaps !
I HAVE A RENDEZ-VOUS
Je me souviens de ce poète anglais Dylan
Qui s'en allait aux barricades faire l'amour avec *the dead*
Some barricade
I have a rendez-vous

Faire l'amour avec la Mort Il faudra que je note ça

Je voudrais qu'il soufflât un vent de tous les diables
Sur les antennes de télévision
Je voudrais démâter tous ces toits
Un jour je te raconterai le vent quand il débarquait
Chez Gréta l'Anversoise La Gréta du tricot
Je te raconterai le Mauve qui s'étalait là sur le lit
Juste après que le vent ait posé son chapeau sur la table
Et je raconterai comment nous mangions du mauve Lui et Moi

Comme une soie de laine et de figures
Le vent filou des bises des frilures
Alors vous me reconnaîtrez dans le seul bruit du vent
Quand il vous arrivera de sortir
De vos maisons tout emmâtées

TU SORS SOUVENT LA MER

Tu sors souvent la mer c'est pas bon pour ta voix
Tu devrais mettre un pull t'as bien assez d'moutons
Et puis prendre ton carrosse et puis rentrer chez toi
Trois cent mille chevaux là-bas disent ton nom
Tu sors souvent la mer fais gaffe aux inconnus
Avec leur pipe en l'air qui canarde le ciel
Et leur sarrau de fer et leurs toiles perdues
Le vent n'a rien à faire avec ces criminels
Ça s'appelle « bateau » et ça marche au mazout
Dès le petit matin ça s'en met plein le trou
Ça sait pas marcher droit ça flirte avec Radar
Un espion un poulet un voyeur un bavard

Tu sors souvent la mer à ton âge il faut pas
Tu mets ta vague à l'air comme un' fill' dans les bois
Et ça donn' des idées à ceux qui n'en ont pas
Ça se met un' casquette et ça s'fout dans tes bras
Tu sors souvent la mer comm' les fill's de la rue
Qui montent sans raison avec un inconnu
Parce que c'est l'usage et qu'elles ont seize ans
Et qu'on peut fair' naufrage sans avoir tout's ses dents
Ça s'appelle l'amour et ça marche au chiqué
Dès la tombée du jour ça boucle ses paquets
Un voyage au long cours dans la rue Réaumur
C'est cinq à six minut's et encor... c'est pas sûr...

Tu sors souvent la mer tu te fais les yeux bleus
T'y mets du vert parfois pour voir tes amoureux
Qui regardent le creux que te fait la marée
Qui des fois s'y confondent en croyant se marrer
Tu sors souvent la mer mais tu n'as pas d'époux
Dans ta maison de dune tu nous lèches la joue
Et tu repars là-bas comme un rêve insensé
Qui toujours recommence et toujours se défait
Ça s'appelle la vie ça marche au baratin

Ça se fout des chapeaux des bijoux des chagrins
Ça sort au syndicat au ciné et crois-moi
Ça sort et puis ça rentr' fair' des môm's à l'Etat

Tu sors souvent la mer emmèn' moi avec toi...

LA MÉMOIRE ET LA MER

La marée je l'ai dans le cœur
Qui me remonte comme un signe
Je meurs de ma petite sœur
De mon enfant et de mon cygne
Un bateau ça dépend comment
On l'arrime au port de justesse
Il pleure de mon firmament
Des années-lumière et j'en laisse
Je suis le fantôme Jersey
Celui qui vient les soirs de frime
Te lancer la brume en baisers
Et te ramasser dans ses rimes
Comme le trémail de juillet
Où luisait le loup solitaire
Celui que je voyais briller
Aux doigts du sable de la terre

Rappelle-toi le chien de mer
Que nous libérions sur parole
Et qui gueule dans le désert
Des goémons de nécropole
Je suis sûr que la vie est là
Avec ses poumons de flanelle
Quand il pleure de ces temps-là
Le froid tout gris qui nous appelle
Je me souviens des soirs là-bas
Et des sprints gagnés sur l'écume
Cette bave des chevaux ras
Au ras des rocs qui se consument
O l'Ange des plaisirs perdus
O rumeur d'une autre habitude
Mes désirs dès lors ne sont plus
Qu'un chagrin de ma solitude

Et le diable des soirs conquis
Avec ses pâleurs de rescousse
Et le squale des paradis

Dans le milieu mouillé de mousse
Reviens fille verte des fjords
Reviens violon des violonades
Dans le port fanfarent les cors
Pour le retour des camarades
O parfum rare des salants
Dans le poivre feu des gerçures
Quand j'allais géométrisant
Mon âme au creux de ta blessure
Dans le désordre de ton cul
Poissé dans les draps d'aube fine
Je voyais un vitrail de plus
Et toi fille verte mon spleen

Les coquillages figurants
Sous les sunlights cassés liquides
Jouent de la castagnette tant
Qu'on dirait l'Espagne livide
Dieu des granits ayez pitié
De leur vocation de parure
Quand le couteau vient s'immiscer
Dans leur castagnette figure
Et je voyais ce qu'on pressent
Quand on pressent l'entrevoyure
Entre les persiennes du sang
Et que les globules figurent
Une mathématique bleue
Dans cette mer jamais étale
D'où nous remonte peu à peu
Cette mémoire des étoiles

Cette rumeur qui vient de là
Sous l'arc copain où je m'aveugle
Ces mains qui me font du flafla
Ces mains ruminantes qui meuglent
Cette rumeur me suit longtemps
Comme un mendiant sous l'anathème
Comme l'ombre qui perd son temps
A dessiner mon théorème
Et sous mon maquillage roux
S'en vient battre comme une porte
Cette rumeur qui va debout
Dans la rue aux musiques mortes
C'est fini la mer c'est fini
Sur la plage le sable bêle
Comme des moutons d'infini
Quand la mer bergère m'appelle

F L B

L'eau cette glace non posée
Cet immeuble cette mouvance
Cette procédure mouillée
Nous fait prisonniers sa cadence
Nous dit de rester dans le clan
A mâchonner les reverdures
Sous les neiges de ce printemps
A faire au froid bonne mesure

Cette matière nous parlant
Ce silence troué de formes
Et ces marins nous appelant
Nos pas que le sable déforme
Cette cruelle exhalaison
Qui monte des nuits de l'enfance
Quand on respire à reculons
Une goulée de souvenance

Vers le vertige des suspects
Sous la question qui les hasarde
Vers le monde des muselés
De la bouche et des mains cafardes
Nous prierions Dieu si Dieu priait
Et nous coucherions ses complexes
Sur nos grabats d'où chanteraient
Les chanterelles de nos sexes

Mais Dieu ne fait pas le détail
Il ne prête qu'à ses lumières
Au renouvellement du bail
Nous lui parlerons de son père
Du fils de l'homme et du destin
Quand nous descendrons sur la grève
Et que dans la mer de satin
Luiront les lèvres de nos rêves

Nous irons sonner la Raison
A la colle de prétentaine
Réveille-toi pour la saison
C'est la Folie qui se ramène
A bientôt Raison à bientôt
Ici quelquefois tu nous manques
Viens nous serons tes morts gâteaux
Nous serons ta Folie de planque

On danse ce soir sur le quai
Une rumba pas très cubaine
Ça n'est pas Messieurs les Anglais
Qui tirent leurs coups Capitaine !
On a Jésus dans nos cirés
Son tabernacle sous nos châles
Pour quand s'en viendront se mouiller
Vos torpilleurs sous nos bengales

Et ces maisons gantées de vent
Avec leur fichu de tempête
Quand la vague leur ressemblant
Met du champagne sur nos têtes
Ces toits leurs tuiles et nous et toi
Cette raison de nous survivre
Entends le bruit qui vient d'en bas
C'EST LA MER QUI FERME SON LIVRE

ROTTERDAM

Il n'en restait plus qu'un
Et c'était celui-là
Un port du nord ça plaît
Surtout quand on n'y'est pas
Ça fait qu'on voudrait y'être
Ça fait qu'on n'sait pas bien
S'il faut s'taper l'poète
Ou s'taper la putain... d'Rotterdam

Où y'a pas qu'des putains
Où y'a pas qu'des marins
Où y'a des chiens perdus
Et des enfants des rues
Où y'a pas qu'des marchands
Où y'a pas qu'des chalands
Où y'a des vieux chevaux
Qui bridgent avec la mort
Où y'a des flics chinois
Qui se prennent pour la Reine
Où y'a des filles en soie
Qui font couler leur gaine
Sur le bord du trottoir
Comme un chagrin de plus
Qui traînera ce soir
Tout le long de la rue
Si au moins ça pouvait r'ssembler à Rotterdam

Où y'a des rats crevés
Comme y'en a à Paris
Où y'a des chats croisés
Avec des vieilles souris
Où y'a pas qu'de l'import
Où y'a bien loin du port
Des amants qui se font
Et puis qui se défont

Où y'a pas qu'des banknotes
Au seuil des minijupes
Et des mecs qui s'occupent
A placer leur cam'lote
Où y'a des malheureux
Qui donneraient leur cul
Si en donnant son cul
On était bienheureux
Si au moins ça pouvait r'ssembler à Rotterdam

Où y'a des assassins
Planqués dans leur whisky
Et puis des insensés
Qui pass'ront pas la nuit
Où y'a pas qu'du tabac
Au goût de caramel
Où y'a de pauv's soldats
Qui s'farciraient l'Carmel
Où y'a un christ debout
Derrière un bar de nuit
Qui cause avec le bout
Avec le bout d'la nuit
Où y'a des exilés
Qui sortent leur exil
Dans le ciel barbelé
D'un' publicité con
Si au moins ça pouvait r'ssembler à Rotterdam

Où je n'irai jamais
Car je vais au soleil
Où tu n'iras jamais
Car partout c'est pareil
Je prends le train du Sud
Tu prends le train du Sud
Il prend le train du Sud
Jusqu'au bout de la nuit
Si au moins ça pouvait r'ssembler à l'ITALIE

NI DIEU NI MAÎTRE

La cigarette sans cravate
Qu'on fume à l'aube démocrate
Et le remords des cous-de-jatte
Avec la peur qui tend la patte
Le ministère de ce prêtre
Et la pitié à la fenêtre
Et le client qui n'a peut-être
NI DIEU NI MAÎTRE

Le fardeau blême qu'on emballe
Comme un paquet vers les étoiles
Qui tombent froides sur la dalle
Et cette rose sans pétale
Cet avocat à la serviette
Cette aube qui met la voilette
Pour des larmes qui n'ont peut-être
NI DIEU NI MAÎTRE

Ces bois que l'on dit de justice
Et qui poussent dans les supplices
Et pour meubler le Sacrifice
Avec le sapin de service
Cette procédure qui guette
Ceux que la Société rejette
Sous prétexte qu'ils n'ont peut-être
NI DIEU NI MAÎTRE

Cette parole d'évangile
Qui fait plier les imbéciles
Et qui met dans l'horreur civile
De la noblesse et puis du style
Ce cri qui n'a pas la rosette
Cette parole de prophète
Je la revendique et vous souhaite
NI DIEU NI MAÎTRE

LES ANARCHISTES

Y'en a pas un sur cent et pourtant ils existent
La plupart Espagnols allez savoir pourquoi
Faut croire qu'en Espagne on ne les comprend pas
        Les anarchistes

    Ils ont tout ramassé
    Des beignes et des pavés
    Ils ont gueulé si fort
    Qu'ils peuv'nt gueuler encor
    Ils ont le cœur devant
    Et leurs rêves au mitan
    Et puis l'âme toute rongée
    Par des foutues idées

Y'en a pas un sur cent et pourtant ils existent
La plupart fils de rien ou bien fils de si peu
Qu'on ne les voit jamais que lorsqu'on a peur d'eux
        Les anarchistes

    Ils sont morts cent dix fois
    Pour que dalle et pourquoi ?
    Avec l'amour au poing
    Sur la table ou sur rien
    Avec l'air entêté
    Qui fait le sang versé
    Ils ont frappé si fort
    Qu'ils peuv'nt frapper encor

Y'en a pas un sur cent et pourtant ils existent
Et s'il faut commencer par les coups d'pied au cul
Faudrait pas oublier qu'ça descend dans la rue
        Les anarchistes

    Ils ont un drapeau noir
    En berne sur l'Espoir
    Et la mélancolie

Pour traîner dans la vie
Des couteaux pour trancher
Le pain de l'Amitié
Et des armes rouillées
Pour ne pas oublier

Qu'y'en a pas un sur cent et qu'pourtant ils existent
Et qu'ils se tiennent bien bras dessus bras dessous
Joyeux, et c'est pour ça qu'ils sont toujours debout
Les anarchistes

LA POÉSIE

J'ai du savon qui lave
Les péchés capitaux
Un stylo-bille qui grave
Le goût d'un apéro
Un soutien-gorge à piles
Qui n's'allum' qu'aux beaux yeux
Un dentifrice habile
A blanchir les aveux
Un buvard facétieux
Qui sèche les chagrins
Un œil pour lire à deux
Quand le jour s'est éteint
Un violon capital
Voilé de Chambertin
A fair' sonner le mal
Plus fort que le tocsin

Si ça n'va pas
Tu peux toujours aller la voir
Tu demand'ras
La Poésie
On t'ouvrira
Mêm' si ell' n'est pas là
D'ailleurs ell' n'est pas là
Mais dans la têt' d'un fou
Ou bien chez des voyous
Habillés de chagrin
Qui vont par les chemins
Chercher leur bonne amie
La Poésie

J'ai des bas pour boiteuse
A fair'boiter l'ennui
Et des parfums de gueuse
A remplir tout Paris

Des pendul's à marquer
Le temps d'un beau silence
Des lassos à lacer
Les garces de la chance
Des machin's à souffler
Le vert de l'espérance
Et des vign's à chanter
Les mess's de la démence
Des oiseaux-transistors
Qui chantent sur la neige
Garantis plaqués-or
Plaqués par le solfège

Si ça n'va pas
Tu peux toujours aller la voir
Tu demand'ras
La Poésie
On t'ouvrira
Mêm' si ell' n'est pas là
D'ailleurs ell' n'est pas là
Mais dans la têt' d'un fou
Qui s'prend pour un hibou
A regarder la nuit
Habillée de souris
Comme sa bonne amie
La Poésie

J'ai du cirage blond
Quand les blés vont blêmir
De la glace à façon
Pour glacer les soupirs
Des lèvres pour baiser
Les aubes dévêtues
Quand le givre est passé
Avec ses doigts pointus
J'ai tant d'azur dans l'âme
Qu'on n'y voit que du bleu
Quand le rouge m'enflamme
C'est moi qui suis le feu
J'ai la blancheur du cygne
A blanchir tout Saint-Cyr
Et sur un de mes signes
On meurt pour le plaisir

Si ça n'va pas
Tu peux toujours aller la voir
Tu demand'ras

La Poésie
On t'ouvrira
Des fois qu'ell' serait là
Ell' te r'cevrait mêm' pas
Ell' n'est là pour personne
Ell' n'aim' pas qu'on la sonne
C'est pas un' domestique
Ell' sait bouffer des briques
Mais quand ell' veut, Ell' crie

LA POÉSIE !

LA FOLIE

La chaise de Van Gogh où tu ne t'assieds pas
Les souliers de Vincent que tu ne chausses pas
L'oreille de ce mec qui ne t'écoute plus
Ces corbeaux dans le blé d'une toile perdue

Je ne m'arrête plus quand je vois la Folie
Je fais ses commissions et couche dans son lit

Les larmes de cet arbre inquiet dans la forêt
La chaise de Vincent de quel bois elle était ?
Les moutons de la rue se cachent en cache-nez
Les ouvriers changent de disque sans débrayer

Je ne m'arrête plus quand je vois la Folie
Je fais ses commissions et couche dans son lit

Les pas de cette enfant dans l'enfer de la Fac
Son sexe sa vertu sa pilule et son trac
Quand le vertige la pénètre et la dépasse
Sous l'œil double et glacé d'un vieux miroir de passe

C'est à ce moment-là que je perds la Folie
Et que je reste seul avec mes yeux de fou...

A VENDRE

Je vendrais de l'amour si l'amour est à vendre
Je vendrais des jardins si ça poussait chez moi
Je vendrais un pendu si je pouvais me pendre
Je vendrais la Folie si les fous se vendaient

Je vendrais du whisky comme un chagrin de grain
Je vendrais des canaux aux télés assoiffées
Je vendrais votre lit Madame qui passait
Je vendrais mon chandail quand ma brebis tricote

Je vendrais le Pouvoir si je pouvais le vendre
Je vendrais mes chansons aux coqs à coqueluche
Je vendrais les chasseurs même au mois de septembre
Et je vendrais leurs chiens si mes chiens me le disent

Je vendrais l'Arabie pour douze sacs d'avoine
Je vendrais mon cheval s'il mangeait de l'essence
Si je vends mon enfer pour me chauffer l'hiver
J'écouterai le tien sur mon vieux pornographe

Je vendrais la marée à la mer sans courage
Je vendrais la boussole à toi qui perds le Nord
Je vendrais la pampa aux plantes carnivores
Et je vendrais le bruit au silence de mort

Je vendrais la passion si tu me la donnais
Je vendrais l'inversion si tu viens à l'envers
Je vendrais le courage aux sans peur ni reproche
Et je vendrais l'enfer pour un demi de bière

Je vendrais l'Amérique aux indiens de Nanterre
Je vendrais Robespierre à ceux de soixante-huit
Je vendrais soixante-huit aux communards mes frères
Je vendrais la Commune si cela se vendait

Je vendrais les patrons aux ciseaux de ma mère
Je vendrais du Corton au dernier pour la route
Je vendrais l'essentiel au seuil de la mémoire
Je vendrais les douaniers aux frontières du doute

Je vendrais la justice aux anars de service
Je vendrais les ordures aux parfums de Madame
Je vendrais le sourire aux larmes qui se cherchent
Et je vendrais l'automne à celles qui se trouvent

Je vendrais des psychiatres à la géométrie
Je vendrais du psychique à la matière inerte
Je vendrais des rivières aux deltas de la nuit
Je vendrais de l'absinthe à l'espérance verte

Je vendrais les baleines aux corsets de naguère
Je vendrais les outrages aux hommes à genoux
Je vendrais les aurores aux aubes qui s'oublient
Et je vendrais des armes à la mélancolie

Je vendrais un instant au Temps du relatif
Je vendrais quelques volts aux galaxies éteintes
Je vendrais Nulle Part à des prohibitifs
Je vendrais la Raison à des prix hors d'atteinte

Il ne reste que moi qui ne suis pas à vendre
Alors tu es passée et je me suis donné
A toi
Pour rien

LE SUPERLATIF

TES YEUX

J'y vois au fond des désirs de paroles
Quand je m'y vois je ressemble à l'amour
Quand ils sont verts c'est la mer sans paroles
Dedans mes yeux font quatre fois l'amour
  C'est dément c'est super
  C'est génial et c'est dingue
  Et c'est vachement terrible

TA VOIX

Quand je m'y perds on dirait la Musique
Quand elle crie on dirait la Folie
Quand tu la passes au-dessus de la mienne
Quand elle lève on dirait la moisson
  C'est dément...

TES SEINS

J'y vois dedans les sculptures du drame
Quand je les chante je ressemble à Mozart
Quand ils sont bleus c'est la mer à Paname
Pour mon réveil remontent ma guitare
  C'est dément...

TA NUQUE

Où y'a des yeux qui regardent ma taille
Où y'a l'envers qui maquille les gens
Où y'a mes pas qui te suivent et t'emballent
Où y'a mon ventre et puis l'arc qui se tend
  C'est dément...

TES PAS

Qui vont tout droit au drugstore des supplices
Que l'assassin joue à pas mesurés
Qui vont tranquilles où les miens les précèdent
Dans ma mémoire à plus savoir compter
  Et tu vas... Et tu vas...
  Et tu vas... Et tu vas...
  Enfin me foutre la paix...

ÇA S'LÈVE À L'EST

ça s'lève à l'Est tous les matins
ça tir' sa flemm' ça fait l'turbin
du haut en bas d'la Voie Lactée
ça fait pousser la Société

quand ça veut pas, ben ! ça sort pas
ça s'fait les ongl's ou bien l'verglas
t'as plus qu' descendr' sur la Côte
avec l'Azur dans ton trench-coat

ça met des mois à fair' l'année
c'est comm' les œufs s'agit d'compter
y'en a du jour y'en a d'quand donc ?
dans la douzaine y'en a des bons

derrièr' le ciel ça s'gâte aussi
alors on prend nos parapluies
on est mouillés comm' des bouteill's
où y'a d'la gêne... y'a pas d'soleil

ça fait du charme à un' catin
qu'a ses clients dans un cal'pin
que chaque année m'vend mon facteur
pour s'fout' les épinards au beurre

ça tire un' bordée jusqu'à l'Ouest
dans l'mimosa ou dans l'Far West
quand ça bricole à l'horizon
ça rougit comme un jeun' couillon

ça fout des lunett's à Hong Kong
tout l'mond' ressemble à Louis Armstrong
en Amériqu' c'est pas du kif
les lunett's voient... en négatif

ça s'lève à l'Est tous les matins
ça tire au cul ça fait l'tapin
du haut en bas d'la galaxie
chez un grossium de ses amis

ça fait pousser les fleurs des champs
et cell's des môm's de quelques ans
qu'ont deux soleils dans la vitrine
où pousse un' rose sans épine

ça éclair' tout mêm' les prisons
où sont piqués des papillons
qui s'dor'nt le mou près des barreaux
comme un' nana sur son fourneau

y'a des coins qu'il voit pas souvent
c'est l'fond du cœur et l'âme des gens
c'est pas la nuit mais c'est pareil

Pour les salauds y'a pas d'soleil

UN COUP DE VENT

Un coup de vent, Mister the Wind
Un coup de vent
Please !

Que de voiles dehors quand vous crevez les cieux
Que de fleurs arrachées sous votre grand couteau
Que d'oiseaux caressés sous votre peigne bleu
Que de robes trouées au fil de vos ciseaux
Que d'amours réchauffés quand vous montez du Sud
Que d'amoureux transis quand vous chantez le Nord
Que de marins têtus au fond des mers du Sud
Les soirs où vous gueulez leurs chansons sur le port

Mister the Wind
Et vos balais de soie comme des violoncelles
Quand il pleuvra des cons vous nous mettrez des ailes

Moi ce que je te donne n'appartient qu'aux couleurs
Aux oiseaux de la nuit quand la nuit te fait femme
Au vent qui reverdit sous l'arche dc la peur
A la mer qui rougit et qui fourbit ses armes
Aux marins qui ressemblent aux enfants de la mer
A cette herbe exaucée qu'on dit du pain des hommes
A la dune qui croit que le sable c'est elle
Alors qu'il n'appartient qu'aux amants qui l'effacent

Aux chansons de ces ports où l'on ne va jamais
Aux ombres dans le soir qui se prennent pour toi
Aux passions des insectes dans les slows de l'été
Aux raisons de l'amour que les fous te proposent
Au rien qui te fait toi quand tu ne crois en rien
A ces chants de la nuit à l'agonie des choses
A l'ombre que j'emploie à tant t'illuminer
Au mal qui fout sa gueule au fond d'un poudrier

Un coup de vent, Mister the Wind
Un coup de vent
Please !

Que de maisons trahies sous les lampes néon
Que de rues décapées à l'acide des jours
Que de flics épaulés par des lois à la con
Que de cons étoilés au cuivre de l'amour
Que de vies en allées dans les Babel du bruit
Que de musiques tues dans le bruit des paroles
Que de pays perdus dans le bonheur appris
Que de cœurs hibernés pour que rien ne s'envole

Un coup de vent, Mister the Wind
Un coup de vent
Please !

UN JEAN'S OU DEUX... AUJOURD'HUI !

Un jean's ou deux
Un chouette chagrin
De quoi te faire prendre la route
Et puis le doute et les copains
Qu'on rencontre de loin en loin
Un jean's ou deux
Et tout va bien

Les amis les copains ceux qui que quoi donc où ?
Quand tu les vois lever leurs viandes avec os
Quand tu les vois bouffer dans ta gamelle en cœur
Quand tu vois picoler ces copains du malheur
A ton tonneau ou à tes larmes ou à ta joie
Quand tu vois dégueuler leur arme sous ta croix
Alors je te le dis afin que rien ne se perde
Ces amis-là c'est de la merde

Un jean's ou deux
Deux trois souvenirs
De quoi te faire prendre ta voiture
Avec une place pour ton mépris
Celui qu'on a pour trois fois rien
Un jean's ou deux
Et tout va bien

Les amis les copains ceux qui que quoi donc où ?
Quand tu les vois lever leur panse affectueuse
Quand tu vois s'installer ces copains dans ton cœur
Quand tu les vois plonger leurs quinquets de voyeur
Dans ton chagrin dans ta gonzesse ou dans tes sous
Quand tu vois dans leurs yeux le silence jaloux
Alors je te le dis afin que rien ne se perde
Ces copains-là c'est de la merde

Un jean's ou deux
Peut-être un chien
De quoi partager sur la route
Même le doute et ces copains
Qu'on rencontrait de loin en loin
Un jean's ou deux
Et tout va bien

Un jean's ou deux
Et trois fois rien
De quoi mettre dans ta voiture
Un peu de tabac et ton chien
Qui ne te demandera rien
Un jean's ou deux
Et tout va bien

Les chiens c'est pas pareil et les chevaux et puis
Je ne sais plus parler autrement AUJOURD'HUI !

DEMAIN

Au premier hibou de service, à Orly, je me tire, c'est sûr. Je n'ai pas le temps de vous expliquer pourquoi, mais c'est ainsi. Moi, les oiseaux de nuit, je les mets à mon heure, les fuseaux horaires, je m'en arrange. Sur mon hibou 747 je pars en vacances, et mes vacances c'est Demain. Demain, c'est la mort aux lèvres et le sourire de la Joconde rentrée dans le poing de Vinci.

Demain c'est la seule idée valide que je vous concède. Vos constitutions, vos morales, votre café au lait du matin, vos chemises échancrées qui plissent sur le pressing, le premier à gauche, dans votre quartier, tout ce qui vous muselle, tout ce que vous adorez, tout ce qui est votre mort quotidienne, tout cela, pour moi, c'est terminé.

Sur les lacs, des chevaux mangent des fleurs fanées, et leurs photos se reflétant dans les eaux tristes leur reviennent à leurs museaux tout embrumés. Demande-donc une douzaine de chevaux à ton fleuriste.

Demain ? Un mot, un fauteuil désossé, une chanson parlée d'une voix mesurée au métronome des grands vents du nord battant sur la chaussée d'une ville perdue, une fille extasiée dans un coin de porte et se signant à l'approche du voleur de filles, une lettre postée trop tôt et que le collecteur du courrier à Paris, à 17 h 30, ne voudra pas te rendre parce qu'il ne te connaît pas, le tube d'aspirine que tu manges en te grattant la tête et en cherchant de côté un regard fraternel, cette bouteille d'eau minérale qui ne vient même pas de la terre, cette auto qui dérape et qui engorge l'autoroute.

Demain ? Au premier hibou de service, à Orly, je me tire, je deviens moins un. Rien.

Je suis Rien.

Le mec que tu regardes, ce soir, sur la scène, ce mec aux cheveux blancs, avec sa tête qui ressemble à un trapèze, n'est pas là.

Les chansons qu'il chante, tout ce qui t'arrive dans les yeux et les oreilles, tout cela a été fait, dit, et redit depuis longtemps.

Le mec que tu regardes, c'est de l'illusion.

Demain, c'est la mort figurée. On vous la vend, cette mort figurée on vous vend cet artiste pâli sous des projecteurs réglés, soumis. On vous vend par petits paquets, par petits fauteuils, à des prix acceptables, un artiste qui s'est vendu pour un prix accepté.

L'argent c'est le sourire du désespoir.

Demain, c'est aussi le désespoir. Alors, Demain tu seras riche, mon camarade. Car ce que je te donne n'a pas de prix.

Accepte-moi comme je t'accepte.

Demain, je t'aime.

JE T'AIME

Je t'aime pour ta voix pour tes yeux sur la nuit
Pour ces cris que tu cries du fond des oreillers
Et pour ce mouvement de la mer pour ta vie
Qui ressemble à la mer qui monte me noyer

Je t'aime pour ton ventre où je vais te chercher
Quand tu cherches des yeux la nuit qui se balance
A mon creux qui te creuse et d'où ma vie blessée
Coule comme un torrent dans le bruit du silence

Je t'aime pour ta vigne ou vendangeur des fées
Et pour cette clairière où j'éclaire ma route
Que balisent tes cris durs comme deux galets
Que le flot de la nuit roule sur ma déroute

Je t'aime pour le sel qui tache ta vertu
Et qui fait un champ d'ombre où ma bouche repose
Pour ce je ne sais quoi dont ma lèvre têtue
S'entête à recouvrer le sens et puis la cause

Je t'aime pour ta gueule ouverte sur la nuit
Quand la sève montant comme du fond des ères
Bouillonne dans ton ventre et que je te maudis
D'être à la fois ma sœur mon ange et ma Lumière

LES OISEAUX DU MALHEUR

Et nous resterons quelques « abstraits »
Comme les oiseaux, de nuit, de préférence,
Comme les oiseaux du malheur...

Ils ont des becs, ils ont des yeux perçants
Comme les femmes
Les oiseaux du malheur
Ils ont la grâce et volent adorablement
Comme les femmes
Les oiseaux du malheur
Ils ont des pattes et marchent dans le vent
Comme les femmes
Les oiseaux du malheur

Ils ont des nids avec tous nos enfants
Comme les femmes
Les oiseaux du malheur
C'est avec ça que nous dormons
Et c'est pour ça que nous crevons
En essayant de leur apprendre
Le doute et la misère

Viens avec ton bec
Avec tes yeux viens
Avec ta grâce avec tes pattes viens
Avec ton nid et avec mon enfant
Mon bel oiseau du malheur

Ils ont des becs ils ont des yeux perçants

LES ALBATROS

Mes ailes et mon futal qui traînent dans la rue
Si c'est ça l'albatros je vole comme lui
Mes ailes et mon chagrin ensemble descendus
Vous pouvez me rogner les ailes C'est gratuit

Y'a pas qu'des albatros au-dessus des bateaux
Y'a pas qu'des albatros au-dessus des salauds
Il y'a tous ceux qui regardent traîner les ailes
Des albatros

Je ne sais pas de blanc comme une hostie de passe
Quand je la bois d'un trait devant les cons debout
Qui me lapideraient au grand jour de la chasse
La chasse à l'albatros qui vit à tes genoux

Y'a pas qu'des albatros au-dessus des cités
Y'a pas qu'des albatros au-dessus des pavés
Il y'a tous ceux qui voudraient bien couper les ailes
Aux albatros

Et mes ailes maxi peignées par la tempête
Dans la rue dans les « night » et les trucs stéréos
M'envolent doucement au-dessus de la fête
Si tu veux les peigner t'as qu'à grimper là-haut

Y'a pas qu'des albatros au-dessus de la terre
Y'a pas qu'des albatros du côté de Nanterre
Il y'a tous ceux qui voudraient bien que n'aient plus d'ailes
Les albatros

Là-haut où l'albatros est du blanc d'innocence
Cette blancheur têtue dont rêvent les jaloux
Qui regardent passer ces oiseaux du silence
Ils peuvent me rogner les ailes je m'en fous

Y'a pas qu'des albatros au-dessus des cités
Y'a pas qu'des albatros au-dessus des pavés
Il y'a tous ceux qui voudraient bien ne plus jamais
Plus jamais voir voler
          Les albatros
Que leurs ailes de géants n'empêchent plus désormais
De marcher… de marcher… de marcher… de marcher…

ON N'EST PAS DES SAINTS

On n'est pas des saints
Pour la béatitude
On n'a qu'Cin-zano
Pauvres orphelins
On prie par habitude
Pour Notre Pèr'-Nod
Monsieur le Curé
Se signe quand on passe
Comme s'il voyait
Le Diable dans sa glace
Nous on n'a rien dit
On n'est pas d'ici

Des boîtes à chansons
Que l'on nourrit d'oseille
Ou d'accordéon
Et puis le patron
Qui montre sa bouteille
Pour des picaillons
Des clients par-ci
Qui arrosent leur peine
Des clients par-là
Qui boivent leur quinzaine
En zinc ou en bois
Au comptoir on boit

On a le bras long
Le long des demoiselles
Qu'on met sur le dos
On fleurit le long
Le long de leurs dentelles
Qui font le gros lot
On se lève tard
Au soleil des caresses
Vers midi moins l'quart

Juste après la grand'messe
On tir' comme on peut
Le diable par la queue

Quand le beaujolais
Au café du commerce
Vide ses coteaux
Qu'on soit beau ou laid
Le soleil vous transperce
Comme un fin couteau
Si tu vis longtemps
C'est pas de vichy-fraise
Mais d'un différend
Avec le Pèr' Lachaise
Dans l'zinc ou dans l'bois
Un mort ça boit pas

On n'est pas des loups
Mais dans la bergerie
On file ou l'on laine
Pauvres manitous
On manie tout s'qui brille
Tout passe à l'As-maine
On est des chrétiens
Mais faut pas nous la faire
Sacré non d'un tien
Vaut mieux qu't'auras la paire
Chacun ses ennuis
On n'est pas d'ici

Ah le joli son
Qui monte des bouteilles
Sonnant du bouchon
Comme un vieux clairon
Sur le champ des merveilles
Sonne du canon
C'est vers les midi
Que se gagnent les guerres
Quand on introduit
Le caporal Sancerre
Dans not' paradis
Qui n'est pas d'ici

Quand on s'ra d'ici
On foutra tout lon laire
Ici là et là

On s'ra entre amis
Et dans nos ministères
On f'ra la java
Monsieur le Curé
Entre deux vobiscomes
Ira s'r'habiller
A la façon des hommes
C'est c'qu'on lui dira
Quand on radin'ra
Quand ici on s'ra

C'EST LE PRINTEMPS

y'a la natur' qu'est tout en sueur
dans les hectar's y'a du bonheur

c'est l'printemps

y'a des lilas qu'ont mêm' plus l'temps
de s'fair' tout mauv's ou bien tout blancs

c'est l'printemps

y'a du blé qui s'fait du mourron
les oiseaux eux ils dis'nt pas non

c'est l'printemps

y'a nos chagrins qu'ont des couleurs
y'a mêm' du printemps chez l'malheur

y'a la mer qui s'prend pour Monet
ou pour Gauguin ou pour Manet

c'est l'printemps

y'a des nuag's qui n'ont plus d'quoi
on dirait d'la barbe à papa

c'est l'printemps

y'a l'vent du nord qu'a pris l'accent
avec Mistral il pass' son temps

c'est l'printemps

y'a la pluie qu'est passée chez Dior
pour s'payer l'modèl' Soleil d'Or

y'a la rout' qui s'fait Nationale
et des fourmis qui s'font la malle

c'est l'printemps

y'a d'la luzerne au fond des lits
et puis l'faucheur qui lui sourit

c'est l'printemps

y'a des souris qui s'font les dents
sur les matous par conséquent

c'est l'printemps

y'a des voix d'or dans un seul cri
c'est la Sixtin' qui sort la nuit...

y'a la natur' qui s'tape un bol
à la santé du rossignol

c'est l'printemps

y'a l'Beaujolais qui la ramène
et Mimi qui s'prend pour Carmen

c'est l'printemps

y'a l'Il' Saint-Louis qui rentre en Seine
et puis Paris qui s'y promène

c'est l'printemps

y'a l'été qui s'point' dans la rue
et des ballots qui n'ont pas vu

Qu'c'était l'printemps...

T'AS D'BEAUX YEUX, TU SAIS ?

Regarde-les ces suicidés qui déambulent
Boulevard des Ritals à Paris, samedi
« C'est au vert, vas-y camarade !
Sur l'autoroute il y a des songes
Des coureurs au long cours et qui freinent
Et qui rongent leurs freins malades
C'est l'automne, vas-y camarade ! »

T'as d'beaux yeux, tu sais ?
Quand ils sont verts j'y vais cueillir la pâquerette
Quand ils sont bleus j'y plonge au fond dans leur marine
Quand ils sont noirs j'y prends le deuil de ma voisine
Quand ils sont mauves alors j'y cueille ta violette
T'as d'beaux yeux, tu sais ? Regarde... Regarde...

Regarde-les ces suicidés qui déambulent
Boulevard des Ritals à Paris, samedi
Je les vois dans un grand panier
Au bras d'une géante noire
Aux cheveux noirs en voile rouge
Elle passe sur moi sur la marge et ça bouge
Et sa chatte comme un arc-en-ciel me fait « minou »
La chatte de la Mort la nuit
Ne ronronne jamais...

T'as d'beaux yeux, tu sais ? Regarde... Regarde... Mais regarde !

Quand ils sont verts j'y vais m'inscrire à l'espérance
Quand ils sont bleus je me prends pour ton capitaine
Quand ils sont noirs je t'y plonge et puis t'y ramène
Quand ils sont mauves alors mon carême commence
T'as d'beaux yeux, tu sais ? Regarde... Regarde...

Le Carême de la Camarde
Ça commence quand tu regardes

La chatte de Paris la nuit
Je la vois quand tes yeux sont gris

Regarde... Regarde...

Elle se fait enverguer par des prolos au ventre triste
Qui s'en vont aux urgences jerker avec l'URSSAF

LES RETRAITÉS

Un vieux complet de vieill's savat's
Avec quoi on n'peut plus draguer
Un col roulé comme un' cravate
Un vieux pardingu' pour se nicher
Un bout d'chaussée à s'arrauyer
Dans les vitrin's où y'a qu'du vent
Un pauv' nuag' qui va crever
C'est la retraite et c'est l'printemps
Et ces pauv's gens qui font la queue
Pour des plaisirs qu'on peut fair' voir
Cet opium qu'on fum' par les yeux
Dans les cinoch's qui font l'trottoir
Comm' les tapins d'publicité
Qu'ont leur bastringue en papier peint
Histoir' de montrer du péché
Aux passants qu'ont plus les moyens

Un' vieille histoire à raconter
A un' nana qu'a plus d'zizi
Un p'tit carnet pour y compter
Des trucs qui val'nt pas un radis
Un' canne à pêche à dépister
De quoi faire un' fritur' « vit' fait »
Et l'soleil qu'est pas dégoûté
C'est la retraite et c'est l'été
Tous ces pauv's gens qu'on voit traîner
A la queue des allocations
Avec leurs mains à s'rembourser
Les eng'lur's d'la mauvais' saison
Comm' des rapac's qu'auraient plus d'bec
Des lions qui s'seraient faits pédés
Sans crinièr' sans salamalecs
Avec un bout d'griff' pour signer

Un vieux sapin pour fair' son rond
A l'hôtel de la dernièr' nuit
Dix mots latins pour l'addition
C'est pas d'l'argot mais ça suffit
Et puis l'curé qui fait la manche
Avec son pot' dies illa
Y'a pas qu'au guignol qu'y'a des planches
Y'en a aussi dans ces coins-là
Et ces pauv's gens qui font la queue
Pour mieux pousser les fleurs des champs
Se font des trous dans leurs beaux yeux
Et de leurs lèvres font des dents
Pour mieux voir ce qu'on ne voit pas
Pour mieux baiser le rien de rien
Et rendent leur dernier repas
Celui dont ils n'ont plus besoin...

LES ARTISTES

Ils sont d'une autre race et ne le savent pas
Ils sont d'un autre clan et se mêlent à vous
Ils vous tendent leurs mains et vous donnent le bras
Vous les laissez passer ils ne sont pas à vous
Ils sont le clair matin dans vos nuits des tempêtes
Ils sont le soleil noir de vos étés d'hiver
Ils chantent dans la nuit à vos tempes muettes
Ils plantent la Folie au fond de vos galères

Ils peignent le chagrin dans les coquelicots
Ils écrivent l'amour dans vos chambres glacées
Ils font plier le temps sous l'aile d'un oiseau
Ils font passer la vie dans vos accords brisés
Ils font la loi demain quand tu vivrais hier
Ils décident de tout quand tu veux les soumettre
Il y a vingt mille ans qu'ils sont à leur fenêtre
Il y a vingt mille ans qu'ils crient dans le désert

Ils sont d'une autre race et ne le savent pas
Ils sont d'un autre clan et se mêlent à vous
Ils vous tendent leurs mains et vous donnent le bras
Vous les laissez passer ils ne sont pas à vous
Il y a vingt mille ans qu'ils te rentrent dans l'œil
Il y a vingt mille ans que tu ne les vois pas
Il y a vingt mille ans que tu voudrais les voir
Et si tu les voyais eux ne te verraient plus

Ce sont des gens d'ailleurs

Les artistes

IL EST SIX HEURES ICI ET MIDI À NEW YORK

Dans une rue de Manhattan j'ai fait la manche
Et c'est un nègre bleu qui m'a ouvert les yeux
Ce nègre je l'entends encor
Comme un doux remorqueur dans le port
Il était tout salé
Comme à Paris où j'étais sur la scène
A m'époumoner de rien, de tout
J'ai du nègre par là sous la peau qui se tend
Comme une ombre du Sud
Et c'est un nègre jaune qui m'a ouvert la lampe
Une bonne lampée de ce vernis horaire
Et qui n'en finit plus de se chercher
Dans une rue de Manhattan j'ai joui ce matin
Et Paris me lançait des mouchoirs de satin
Pour m'essorer

Quand je trique à Paris je la monte à New York

Le sperme des poètes ça devrait se ficher dans des ampoules
A la Préfectance de la Madame

Et l'on ne perdrait rien qu'en connaissance de cause

Il est cinq heures ici
Et vingt-deux heures dans le Caucase

Tu cases tu cases et puis tu causes

Je suis malade comme un chien de Moscou
Qui ne serait pas socialiste

Tu parles !
La Madame m'a questionné
Elle avait la dégaine de ce flic de Milan qu'on a assassiné

Il est cinq heures ici et cinq heures à Milan

Il est la Mort ici et la Mort à Milan
Il est la Mort ici et la Mort à Hong Kong

La Joconde est rentrée dans le poing de Vinci
C'est terminé

Les phonos lisent Armstrong dans le texte à Paris

Je connais une femme qui se dit Sumérienne
Elle me ronge dans le texte et je lui rends toute sa monnaie

Je me traduis sans me trahir
Et tout est tout mouillé
De ma détresse passagère

Les phonos me liront dans le *Slang* à New York

S'ils ne me lisent pas
Qu'est-ce que ça peut me foutre !

LA VIE EST LOUCHE

La vie est louche
Les femm's se couchent
Toutes les nuits
La vie est brève
Les femm's se lèvent
Et font leur lit
La radio gronde
Entre les ondes
Les oiseaux glissent
Dans le soir lisse
Les feuilles tombent
Droit à leur tombe
Les choses cassent
Comme la glace...

L'âme s'enrhume
Sous l'amertume
Des vieux projets
Le cœur radote
Sous les bank-notes
Trop bien rangées
Les portes claquent
Comme les claques
Les années rongent
Les plus beaux songes
La vie est belle
Les hommes bêlent
La vie est douce
Les enfants poussent...

La vie est louche
Les femm's découchent
À petits pas
La vie est brève
Les femm's se lèvent

Ou se lèv'nt pas
La télé guide
Les yeux candides
L'or vagabonde
Autour du monde
Les journaux mentent
Comme les rentes
Les roses meurent
Comme les heures…

L'âme dételle
Et d'un coup d'aile
Va qui sait où ?
Le cœur s'engage
Au bas des pages
D'un billet doux
La mer remonte
Comme la honte
Et sur la plage
Met son visage
Au bord des houles
Qui vont qui ourlent
Toute une liste
De poissons tristes…

La vie est louche
Les hommes louchent
Sur qui sur quoi ?
La vie est brève
Et le blé lève
Malgré tout ça
L'œil s'interroge
Dessous l'horloge
La page blanche
Sous la main flanche
La neige aiguise
Son froid de bise
La mort se traîne
Le long des veines…

L'âme des choses
Nous indispose
L'arbre se plaint
Le cœur des bêtes
Dans l'ombre guette
Des assassins

La nuit s'isole
Et dégringole
La lune obscène
À l'avant-scène
Fait la retape
Et puis se tape
L'ombre qui rime
Avec la FRIME...

LA FRIME

T'as qu'à la voir la frime à ton lit le matin
Quand tu te prends pour qui quand tu te trouves bien
T'as qu'à la voir la frime au milieu de la rue
Lorsque tu te regardes au fond d'une vitrine
Quand tu te prends pour qui ?
T'as qu'à la voir la frime sur ta moto d'un soir
Quand tu vas à Rungis pour te vendre pas cher
A la mort qui radine avec son grand panier
T'as qu'à la voir la frime alors tu ressuscites
Avec les yeux glacés et tu te prends pour qui ?
T'as qu'à la voir la frime au creux de ta moitié
Quand tu te coupes à cœur de peur de rien avoir
Qu'un semblant de pâleur devant l'éternité
Qui ne dure qu'un temps le temps de te laver
Et d'aller te farcir un morceau de ton temps
De ce temps qui te reste à glander des soucis
Comme les fleurs pareilles aux fleurs de tes vingt ans
T'as qu'à la voir la frime
Et ça ne coûte rien

T'as qu'à la voir la frime qui se met dans ton lit
Quand tu te prends pour qui ? quand tu te trouves bien
T'as qu'à la voir la frime au milieu de la nuit
Lorsque tu la regardes quand ça vient de finir
Quand elle se prend pour qui ?
T'as qu'à la voir la frime en sortant de l'hôtel
Où t'as fumé qu'une clope qu'on t'a vendue pas cher
Quand la Mort te fait jouir rien qu'à y respirer
T'as qu'à la voir la frime alors à Amsterdam
Au bras d'un vieux pavot avec les yeux bridés
T'as qu'à la voir la frime au creux de ta psycho
Quand tu te piques on dit jusqu'à s'overdoser
Quand le semblant te semble un bout d'éternité
Qui ne dure qu'un temps le temps d'outrepasser
A marée galaxique où l'univers pavé

Te reprend dans ses chiffres et te montre du doigt
Dans une statistique c'est le moins qu'on te doit
Pour te montrer la frime
Et toi tu ne vois plus rien

PLUS JAMAIS

Tous ces bijoux
Qui brilleront sans toi
Quand tu n'seras plus là
Tous ces voyous
Qui ouvriront leurs bras
A d'autres goss's qu'à toi
Tous ces baisers
Qui font les nuits cousues
Dans de drôl's de tissus
Tout's ces pensées
Que l'on voit dans la rue
Au bras des inconnus...

Tu veux tout ça maint'nant
Avant qu'tu n'sois trop vieille
Avant qu'on ne t'emporte
Derrièr' la dernièr' porte
Qu'on fermera sur tes merveilles

Maintenant

Les plaisirs qu'on achète
Avec des mains de femme
Les sourir's que l'on prête
Aux objets qu'ont une âme

Maintenant

Les voyages en voiture
Au volant d'un' romance
Les parfums les fourrures
Pour pas qu's'enrhum' la chance

Maintenant

Les beaux calendriers
Où le soleil s'allume

Quand le soir va tomber
Dans un lit de fortune

Maintenant... maintenant

Tous ces serments
Que l'on tient pour la vie
Pour une heure pour la nuit
Tous ces printemps
Dans le milieu du lit
Et la rose qui luit
Tous ces désirs
Qui allument des feux
Aux quatre coins des yeux
Tous ces plaisirs
Qui vont toujours par deux
Comme les amoureux...

Tu veux tout ça maint'nant
Avant qu'tu n'sois trop vieille
Avant qu'on ne t'emporte
Derrièr' la dernièr' porte
Qu'on fermera sur tes soleils

Maintenant

Les chansons que l'on chante
Avec des cris de femme
Quand les violons s'enchantent
En vous donnant leur âme

Maintenant

Les orages d'amour
Sur des poitrines nues
Quand on va faire un tour
Au bout d'un inconnu

Maintenant

En attendant, inquiète,
Et pleurant sous les rires
Qu'une horloge indiscrète
Vienne tout bas te dire

Plus jamais... plus jamais...

AVEC LE TEMPS

Avec le temps...
Avec le temps, va, tout s'en va
On oublie le visage et l'on oublie la voix
Le cœur, quand ça bat plus, c'est pas la peine d'aller
Chercher plus loin, faut laisser faire et c'est très bien
Avec le temps...
Avec le temps, va, tout s'en va
L'autre qu'on adorait, qu'on cherchait sous la pluie
L'autre qu'on devinait au détour d'un regard
Entre les mots, entre les lignes et sous le fard
D'un serment maquillé qui s'en va faire sa nuit
Avec le temps tout s'évanouit

Avec le temps...
Avec le temps, va, tout s'en va
Mêm' les plus chouett's souv'nirs ça t'as un' de ces gueules
A la Gal'rie j'Farfouille dans les rayons d'la mort
Le samedi soir quand la tendresse s'en va tout' seule
Avec le temps...
Avec le temps, va, tout s'en va
L'autre à qui l'on croyait pour un rhume, pour un rien
L'autre à qui l'on donnait du vent et des bijoux
Pour qui l'on eût vendu son âme pour quelques sous
Devant quoi l'on s'traînait comme traînent les chiens
Avec le temps, va, tout va bien

Avec le temps...
Avec le temps, va, tout s'en va
On oublie les passions et l'on oublie les voix
Qui vous disaient tout bas les mots des pauvres gens
Ne rentre pas trop tard, surtout ne prends pas froid
Avec le temps...
Avec le temps, va, tout s'en va
Et l'on se sent blanchi comme un cheval fourbu
Et l'on se sent glacé dans un lit de hasard

Et l'on se sent tout seul peut-être mais peinard
Et l'on se sent floué par les années perdues

Alors vraiment
Avec le temps on n'aime plus.

LES SOUVENIRS

Les souvenirs de ceux qui n'ont plus de maison
Se traînent dans les bars ou sur les autoroutes
A cent soixante à l'heure ils se traînent et s'en vont
A cent soixante à l'heure tu choisis pas ta route
Tu choisis pas ta route

Cette machine à écrire qui tape un manuscrit
Ce manteau qui sourit et qui te tend les bras
Cette valise où mon âme est pliée sans un pli
Cette bougie qui meurt et qui n'en finit pas
Ce papier que noircit une lettre d'amour
Ce crayon malheureux et qui a mauvaise mine
Ce miroir qui me parle et la nuit et le jour
Jusqu'à l'ultime jour jusqu'à l'ultime nuit

Les souvenirs de ceux qui n'ont plus de maison
Se traînent dans les bars ou dans le fond d'un lit
A cent soixante à l'heure ils se traînent et s'en vont
S'en vont à cent soixante à la mélancolie
A la mélancolie

Ce parfum qu'on oublie dans le bruit des odeurs
Cette larme qui coule et qui sèche à ton bras
Ce bijou qui s'ennuie au cou de ton malheur
Cette gorge qui s'ouvre et qui n'en finit pas
Ce matin qui s'ébat dans l'horreur de la vie
Cette ombre de la brume où se perd la mémoire
Cette conscience au bout de ce qui t'est permis
Ce désespoir enfin qui s'invente une histoire

Ils s'en vont ils s'en vont les souvenirs cassés
Ils s'en vont ils s'en vont les souvenirs... Allez !
Comme des chiens perdus qu'on ne reconnaît plus
Si ce n'est à leur queue un tremblement de larmes
Un tremblement de larmes

Ils pleurent tous ces chiens qui s'en vont l'arme basse
Dans le fond de la brume on les voit divaguer
Quelquefois ils s'en prennent à leur ombre et demain
Des soleils amoureux leur lècheront la face
Et la mélancolie

SUR LA SCÈNE

Sur la scène y'a l'silence tout habillé de noir
Sur la scène y'a un' pute avec des yeux abstraits
Sur la scène y'a le vent qui m'racont' des histoires
Sur la scène y'a mon cœur qu'est prêt à chavirer
Sur la scène y'a ta voix qui m'revient d'outre-mer
Sur la scène y'a ton ventre et j'y meurs chaque soir
Sur la scène y'a ton style et tes façons d'le faire
Sur la scène y'a l'amour et mes façons d'y croire
Sur la scène y'a mes clopes que t'allumes à ton slip
Sur la scène y'a mes sous qu'on dépense comme des cons
Sur la scène y'a des voiles qu'on prendrait pour nos nippes
Sur la scène y'a que dalle avec quelques chansons
Sur la scène y'a la mer qu'on prendrait pour la grève
Sur la scène y'a du faux qu'on prendrait pour de vrai
Sur la scène y'a l'soleil qui a le droit de grève
Sur la scène y'a un mec qui s'est pas maquillé

Sur la scène y'a l'automne et Dullin qu'on emporte
Sur la scène y'a l'hiver et Molière qui fout l'camp
Sur la scène y'a l'mois d'mai qu'attend derrière la porte
Sur la scène y'a l'été qu'est mort voilà deux ans
Sur la scène y'a l'Espagne qu'attend depuis quarante
et qui fabriqu' des mômes pour se sentir moins seule
Sur la scène y'a Danton le cœur sur la détente
Tout prêt à r'fout' la merde avant qu'on r'ferme sa gueule
Sur la scène y'a Karl Marx et Wall Street dans sa tarîne
Sur la scène y'a la Bourse et l'âme des pauvres gens
Sur la scène y'a la vie et l'espoir qui se traînent
Et la mélancolie qu'a pas fait tout's ses dents
Sur la scène y'a mon cœur qui bat ses camarades
Et ma môme en coulisse pour bien se rappeler
Sur la scène y'a le diable encor au Hit Parade
Et qui bat les Beatles de quelques Variétés

Sur la scène y'a des mots qui n'demand'nt qu'à s'placer
Sur la scène y'a des airs qu'on l'air d'n'en pas avoir
Sur la scène y'a la guerre et des fois y'a la paix
Sur la scène y'a tout ça et y'a mêm' un anar
Sur la scène y'a des gosses qui font le mois d'Marie
Et qui mett'nt des pavés dans le tronc des connards
Sur la scène y'a Jésus qui fume des Maruhani
Qui s'prend pour un beatnik avant d'finir au quart
Sur la scène y'a ma joie maquillée en musique
Sur la scène y'a mon job qui a tout juste vingt ans
Sur la scène y'a Paname et sa claque et sa clique
Sur la scène y'a mes chiens qui m'traînent depuis mille ans
Sur la scène y'a une ombre avec une rime en ir
Sur la scène y'a Pépée qui m'attend dans son trou
Sur la scène y'a des mains qui battent des sourires
DANS LA SALLE y'a l'public... c'est not' théâtre à nous.

MISTER GIORGINA

Tu joues tu joues d'l'accordéon
Dans un bistro qui n'a plus d'nom
Tell'ment les gens sont habitués
A y danser à y danser
la comparsita
Que tu leur joues toutes les nuits
Pour un salair' qui fait pas d'bruit
Car ton métier c'est d'fair' danser
C'est d'fair' danser
mister Giorgina
Que ton biniou brill' comm' le jour
Ou qu'il soit noir comm' les amours
Qui sur la piste vont chercher
De quoi rêver de quoi danser
la comparsita
Toi tu t'en fous car ton métier
C'est d'fair' danser mais pas d'penser
Fais ta série voilà ta vie
Voilà ta vie
mister Giorgina

« ta vie... ma vie... leur vie... »

Un jour t'auras les cheveux blancs
Ceux qui vienn'nt tard qui vienn'nt sûr'ment
Tu te r'trouv'ras d'vant ton buffet
Pour y danser pour y danser
la comparsita
Que tu jouais dans un beuglant
Pour un salair' qu'a foutu l'camp
Les autr's dansaient toi tu bouffais
Toi tu bouffais
mister Giorgina
Alors avant qu'il n'soit trop tard
Planqu' ton magot dans ton placard

Les fourmis c'est fait pour bosser
Quant aux cigal's ell's vont danser
la comparsita
Car la musiqu' foutu métier
ça chante ça gueul' ça fait rêver
Et ça s'envol' comm' les paroles
Comm' les paroles
mister Giorgina

« ça s'envole ? pas toujours...
... née de tango inconnu !... »

Toi les frangin's qui vienn'nt guincher
Avant d'se fair' comparsiter
Tu les regarde(s) avec tes doigts
T'as l'œil qui joue en Do en Fa
la comparsita
Au fond tout ça toi tu t'en fous
T'as qu'un copain c'est ton biniou
Tu joues Schubert mais c'est plus cher
Mais c'est plus cher
mister Giorgina
Un piano c'est comm' l'horizon
ça joue tout à l'horizontale
Toi ton piano et ses flonflons
Tu les fous à la verticale
sur comparsita
Et dans la rue tes récitals
Des fois ça nous fait un peu mal
Avec ton Pleyel en sautoir
yel-en-sautoir
mister Giorgina

« ça nous fait un peu mal... la Musique
fini ! la Musique ! en l'An 2000, plus d'Musique
et pourtant, c'était beau... Jean Sébastien Bach ? Tu connais ? »

LE MARCHÉ DU POÈTE

Quand ma femm' part au marché
Je lui dis de m'ram'ner
Des Celtiques au prix marqué
Afin d'fumer « taxé »
Un peu d'sucre un peu d'farine
Pour fair' la pâte très fine
Raviolis spaghettis
Et gnocchi et capellettis

Quand ell' revient du marché
Ell' m'sort d'tous ses paquets
Un cigar' de Mexico
Gros comme un cachalot
Un hibou nommé Tom Black
Un œuf de l'Ile de Pâques
Du shampooing pour les mains
Du suspense et du linge à pinces

Alors ell' m'dit
Mon p'tit chéri
V'là ta part d'poésie
Dans mon panier
Y'a des idées
Qu' t'as plus qu'à ramasser

des oranges
au canard
de l'étrange
du bizarre

bref tout c'qu'y'a d'chouette

prends ta plume
mon pierrot
que j'allume
ton flambeau

à chansonnettes

Quand ma femm' va chez l'coiffeur
J'lui dis : — Fais-moi un' fleur
Ramèn' moi du sent-y-bon
Du bath du pas trop con
De c'lui qui s'fait s'retourner
Les snobs et les mousmés
Du Carven du Patou
De l'obscène et du pass' partout

Quand ell' rentr' de chez l'coiffeur
Ell' m'dit : — Voilà, mon cœur
De l'extrait d'fleur de Marie
Tout c'qu'y'a d'plus garanti
Des crayons pour' fair' les yeux
Aux larm's du pot-au-feu
De l'Arden du Rubi
Et du Stein et tout c'qui s'essuie

Alors ell' m'dit
Mon p'tit chéri
V'là ta part d'patchouli
Dans ma forêt
Pour t'parfumer
T'as qu'à vaporiser

du genièvre
à tes lèvres
du chiendent
pour tes dents

bref tout c'qu'y'a d'nat'

naturel
naturliche
eau d'javel
pour les miches

c'est-y-pas bath ?

Quand ma femm' part au marché
Je lui dis de m'ram'ner
Un pyjama genr' « vichy »
Pour fair' mon p'tit persil
Des paradis cart's postales

Pour les cinglés d'la malle
Tahiti Côt' d'Asie
Malaisie mal assis aussi

Quand ma femm' rentr' du marché
Ell' m'sort d'tous ses paquets
La liquett' du père Adam
A s'foutre Eve sous la dent
Un chouett' kaléidoscope
A s'fair' l'azur en stop
Voie lactée écrémée
Galaxie et galette aussi

Alors ell' m'dit
mon p'tit chéri
V'là ta part d'beau « vas-y »
T'as d'quoi rêver
D'quoi gamberger
Quand tu m'as pas au lit

magazines
où l'on vend
des gamines
pour un franc

bref rien qu'du toc

du dodé
du doca
du caca
dodéca

l'phono débloque

Quand ma femm' part au shopping
Je lui r'fil' mon planning
Des cravat's pour mett' mon cou
Et ma p'tit' têt' de loup
Des machins deux trois conn'ries
Pour meubler not' gourbi
Un giotto un corot
Un pablo et un picasso

Quand ma femm' part au shopping
Ell' m'chop' tout's nos sterlings
Les paluch's barrées d'un chèque

Vlà que s'barr'nt nos kopecks
Nos dollars dans l'machin chouette
Nos florins chez macbeth
Othello mon coco
Le roi Lear c'est Shakespeare à dire

Alors ell' m'dit
T'as pas fini
D'écrir' des idioties
J'connais izou
Et les zazous
Et l'écriture itou

au pays
de Descartes
les conn'ries
s'fout'nt en carte

ou'au Quai Conti

t'es barré
pour y'aller
à l'aca
cadémie

OK mon p'tit

QUAND J'ÉTAIS MÔME

Quand j'étais môme
A la radio on jouait « Please »
« Peanot vendor »
C'est bien d'accord
Quand j'étais môme
Les fill's avaient un' fleur exquise
Qu'ell's nous fanaient
Pour deux baisers
Quand j'étais môme
On avait aussi nos idoles
Danièle Darrieux
On n'fait pas mieux
Quand j'étais môme
On f'sait marcher nos bell's guibolles
Dans les dancings
Et dans l'smoking
D'papa

Quand j'étais môme
La musiqu' coulait comm' du miel
A Europe Un
Chez les Copains
Quand j'étais môme
Les fill's qu'étaient encor pucelles
On les mettait
Dans un musée
Quand j'étais môme
On avait aussi nos idoles
C'était Johnny
Ou quoi ou qui ?
Quand j'étais môme
On f'sait du rock et d'la bricole
Un peu partout
Avec les sous
D'papa

Quand tu s'ras môme
Sur des planètes distinguées
On t'apprendra
Le temps d'aimer
Quand tu s'ras môme
Les fill's auront la « voix » lactée
Et des comèt's dans l'tablier
Quand tu s'ras môme
Sur ton palier en guis' d'idoles
Un' nébuleuse
Ou Betelgheuse
Quand tu s'ras môme
On t'apprendra la bonn'parole
La bonn' recette
Pour jamais êt'
Papa...

Y'aura plus d'mômes
Plus jamais d'mômes, y'aura plus rien
Pas même un chien
Un pauvre chien
Y'aura qu' du vent
Et plus d'amants y'aura qu'la lune
Qui f'ra l'tapin
Pour les savants...

LA VIEILLE PÈLERINE

A l'âge où l'on met des blousons
Moi j'enfilais ma vieill' pèl'rine
Comme un berger vers ses moutons
Et les bergèr's qu'il imagine

Ma vieill' pèl'rine...

T'étais d'un drap à bon marché
D'un bleu lavande un peu passé
Tu m'env'loppais comme un' tendresse
Dans l'piqu' matin de ma jeunesse
T'étais pas tissée par Boussac
J'ai mêm' pas un' photo kodak
Pour leur fair' voir comment j'étais
Quand tu m'emmi-m'emmitouflais

Ma vieill' pèl'rine...
Ma vieill' pèl'rine...

A l'âge où l'on roule en scooter
Moi j'enfourchais ma vieill' bécane
Un' pas jojo un' qu'avait l'air
D'avoir l'guidon en oreill's d'âne

Ma vieill' bécane...

T'étais d'un acier d'à peu près
Avec d'la rouill' dans les trous d'nez
Tu promettais des découvertes
Au bout d'la rue à peine ouverte
Sur les miracles du goudron
Où s'traînaient les petits garçons
Qu'on n'lavait que le sam'di soir
Encor fallait-il êt' bien noir

Ma vieill' bécane...
Ma vieill' bécane...

A l'âge où l'on fait des béguins
Sans qu'ça vous coût' le moindre sou
Moi j'caressais le p'tit lapin
Que j'trouvais à mes rendez-vous

Mon p'tit lapin...

T'étais tout gris comm' l'illusion
Quand l'illusion a changé d'nom
Et qu'ell' s'allum' comme un' tristesse
Sous la vérité qui nous blesse
T'avais mêm' pas d'quoi réchauffer
Mon p'tit cœur qui battait l'pavé
Ni rien ni serment ni blasphème
Ni rien nul espoir et pas même

Ma vieill' pèl'rine...
Ma vieill' pèl'rine...

L'ENFANCE

Souviens-toi des souliers usés, des vendredis
Et l'poisson qui s'rendait sur la table à midi
Et qu'il marchait tout seul, qu'il n'était pas poli
Frais ou pas le maqu'reau faut qu'ça fass' des chichis
Souviens-toi des jeudis et de la mèr' Larousse
Le frangin à rabat comme un flic à tes trousses
Et ta plum' qui grattait sous l'œil de ce bandit
Qu'une certaine envie mettait à ta merci

L'enfance

C'est un chagrin cueilli de frais
C'est un jardin, c'est un bouquet
C'est des épin's aussi
C'est l'Paradis dans du cambouis
C'est des caress's au fond d'la nuit
C'est un' leçon d'ennui
C'est des copains qu'on a perdus
C'est des p'tit's môm's qu'on n'a pas eues
C'est un' chanson perdue
C'est un jouet qui s'est arrêté
C'est l'innocence rapiécée
C'est toujours ça d'passé

Souviens-toi des frangin's qu'avaient mêm' pas dix piges
Dans la nuit retrouvée on jouait à s'fair' la pige
Mêm' qu'ell's étaient girond's avec leurs yeux barrés
Juste en d'ssous comme une ombre, comm' le fard du péché
Souviens-toi des silenc's au fond des corridors
Et ce halètement divin, j'l'entends encor,
Et puis la nuit fidèle à s'rapp'ler ces trucs-là
Et cett' foutue mémoir' qui me tient par le bras

L'enfance

C'est un pays plein de chansons
C'est le remords de la raison
C'est la folie aussi
C'est l'enfer sous le tableau noir
C'est Tahiti dans un dortoir
C'est l'âme de la nuit
C'est un oiseau qu'on a manqué
C'est un chat qu'on a chahuté
Et c'est la cruauté
C'est jour après jour quitter l'ombre
Et vers la proie et vers le nombre
C'est apprendre à frapper

Souviens-toi des bonbons et puis du pèr' Noël

La toupie qui tournait qui tournait qui tournait
Qui tour...nait qui tour...nait qui tour...nait qui tour...

LA BOUTIQUE

La nuit surtout, c'est pas mal
Et ça force et ça gît
C'est toujours quelque part entre peau et jactance
J'allais des fois la nuit dans l'Autre imaginé
Et des fois ça n'était qu'Imagé, bien sûr
Avec ma flamme tout autour qui l'enroulait
Et les parfums et les diadèmes
Tout casqué, le vison, comme une Dame de la Haute
Et l'orage qui s'en vient quelquefois s'y tramer
Ou en écorce vive ou en écorchée vide
Sous la peau qui tremblait alors de vigilance
Et puis de sympathie et puis de peur éthymologue

La Nuit des fois j'allais surprendre l'Autre dans des cafés profonds, déserts
Sentant un peu la mer quand elle ne sent pas trop
Comme les femmes sentant tout juste ce qu'il faut
Et qui montent vers vous comme un outrage au macadam
Sur lequel tu posais tes problèmes et ta pisse
Comme une oraison tiède au caprice du vent
Des fois que tu serais le dernier à fouler
Ce mac ce mac ce mac ce mac

La Nuit des fois j'allais surprendre l'Autre en la Rue Saint-Denis
Un très Long time ago très long très long
Et cherchais chaque fois la même boutique transbahutée par le désir
Et puis l'en-soi de la vergogne mal lotie
Cette boutique à vue de nez et à la mordre aussi
A m'y laisser morfondre et puis couler comme un Sous-Mar dans ses eaux tristes
Cette pute et des fois c'était beau et sinistre
Elle s'écartait juste le temps de l'encarter
Et plouf et plouf minet dans le pire et dans le glacé
Dans le glacé sublime et qui glaçait ma lèvre

Il n'était de glacé que certaines gosses tout allumées
Et toutes décharnées et toutes berlingotes avec le pire au bord des fentes
Par le besoin et par le flouze du chose Oh là là le flouze du chose
Et c'était bien là le malentendu divin bizarre comme une châtaigne éventrée à l'automne
Et puis ce qu'il y avait autour de la lugubre envie

Viens viens viens viens vers moi
Et pour moi et dans moi et pour toi
Je t'ai je t'ai je t'ai quoique quoique
Tu m'as tu m'as tu m'as Tu crois ?
Viens viens viens que je te fasse venir
Et elle m'énervait celle-là qui disait Viens au grand chahut quand ça va fondre
Tourne donne et puis flanche Pars brise tape et fuis
Et puis ce n'est pas moi qui lui avait appris à dire Viens viens viens
Les mots des autres ça me dérange quand ils sont invalides
Tourne donne et puis flanche et puis fuis Fuis fuis fuis mon Amour
Tu sais fuir... Comme un tuyau de l'entre-rêve
Ça fait un de ces bruits dans mon imaginaire à t'en donner pour ton argent
Pour ton Spectacle à cette Eternité seconde qui n'avait rien pourtant de relatif...
Le Lavabo d'hier et celui de demain et ceux de dans dix siècles
Qu'est-ce que je pouvais m'imaginer les lavabos particuliers de ces souris visqueuses...

Dans Ta Boutique je mets à la Voile au jardin au bordel adoré de tes yeux en Boutique
Dans ta Conscience je coule comme un hasard superbe et riche dans cette rue passante
Ah prends-en donc de mon moi du profond comme dans le Pacifique
Là où les mecs ne peuvent pas sous-mariner
Dans la Boutique des Poissons abstraits

LES BONNES MANIÈRES

J'suis un parleur à ma manière
Quand il fait noir j'te dis des mots
A renverser les bonn's manières
Qu'auront jamais assez d'culot
Quand je te prends pour un piano
J'te joue des airs à ma façon
Si par hasard tu perds le Do
Moi j'te retrouve à l'unisson
J'suis un parleur à ma manière
Quand il fait noir j'te fais la vie
A t'raconter les bonn's manières
Qu'on n'apprend pas à la mairie

J'suis un parleur à ma manière
Si j'savais tout leur raconter
Ça f'rait sortir les bonn's manières
Qui n'os'raient plus jamais rentrer
Quand je te monte en haut d'chez moi
On n'voit mêm' plus la mère Eiffel
Le monde est p'tit mais dans mes bras
Moi j'te trimballe au vingtièm' ciel
J'suis un parleur à ma manière
Y'a qu'un seul mot que j'dis jamais
T'as beau y mett' tout' la manière
Le verbe « aimer » moi je le fais

J'suis un parleur à ma conv'nance
Et puis j't'allum' quand t'as pas d'feu
J'te donn' ma part et ça r'commence
J'peux la fermer tu caus's pour deux
J'suis un champion à l'allumage
Le quart de tour c'est ma partie
C'est rar' quand j'te laisse au garage
J'aim' pas sortir seul dans ta vie
J'suis un parleur à ma conv'nance

Mes phras's c'est jamais du chiqué
C'est pas l'Mond' ni l'Collèg' de France
C'est bon mêm' si c'est pas français

J'suis un parleur à ma manière
Un' môm' c'est pas qu' c'est un parloir
Mais moi j'm'en fous j'ai la manière
Je n'finis jamais mes histoires
J'suis un parleur à épisodes
Et c'est comm' ça que je te tiens
Je change à chaqu' fois comm' la mode
J' m'habille en toi et ça t'va bien
J'suis un parleur à ta manière
Mes mots toi tu t'les es gravés
Dans ta p'tit' têt' phonographière
Quand j'y s'rais plus... tu f'ras tourner...

C'EST UN AIR

C'est un air qui vaut pas dix ronds
C'est presque rien, c'est qu'un' chanson,
Quand on s'met à parler d'amour
Nous on traîn' pas dans les discours.
Quand à lir' les auteurs costauds
Faut prendr' sa loupe et ses bachots
Mais pour nous parler dans la nuit
Les mots d'la rue moi, ça m'suffit...
Quand c'est pas l'heur' des bis's dans l'cou
Quand j'suis tout prêt à t'fout' des coups,
Pour s'envoyer tous nos motifs
On traîn' pas dans les subjonctifs :
J'te dis « salope », tu m'dis « ta gueule »,
Les voisins peuv'nt penser c'qu'ils veulent
Mais y'a un truc qu'ils savent, ma mie,
C'est qu'on n'est pas d'l'Académie...

C'est un air qu'a servi cent fois
A dir' « Je t'aime », à dire « et toi ? »
Des mots qui traîn'nt dans l'âme des gens,
Des mots qui chôm'nt jamais tell'ment
Ces gens les emploient dans leur cœur
Chaqu'fois qu'ils reçoiv'nt le Bonheur
Et c'client-là faut pas l'rater
Des fois qu'il pass'rait plus jamais...
Quand c'est pas l'heur' des rendez-vous,
Quand on s'rait prêt à mett' les bouts,
On sait causer au désespoir
Avec les mots d'la Série Noire
J'te dis « Tir'toi », tu m'dis « fumier »
Mêm' que Stendhal n'a pas bronché
Dans son tombeau, car not' français
Ça l'empêch' pas de roupiller...

C'est un air qui court dans la rue
Qui fait l'tapin, qui fait la grue,

Avec des mots que sav'nt les chiens
Des mots d'amour, des mots de rien,
Et quant à fair' des écritures
On écrirait bien nos murmures
Et leurs paroles qui d'habitude
N'ont pas l'certificat d'études...
Quand il s'ra l'heur' de foutr' le camp
Comm' des oiseaux qu'on fait leur temps,
Quand on f'ra la dernièr' java
Au dancing dont on n'revient pas,
Tu m'diras « Crève », j'te dirai « meurs ! »
Les voisins rest'ront tout songeurs,
On s'en foutra, toujours est-il
Qu'j'étais un chien... qu'avait du style...

L'IDOLE

Je suis arrivé à huit heures et quart
J'ai grillé une sèche en lisant le courrier
Dans cette loge d'artiste où s'arrête la gloire
Le temps de se refaire une petite beauté
Regarde-moi bien
J'suis une idole
J'ai passé mes joues au fil du rasoir
Quand on vend sa gueule sous des projecteurs
On peut pas se permettre d'avoir les cheveux noirs
Et une barbe toute blanche même pour trois quarts d'heure
J'ai mis mes souliers tantôt bottillons
Tantôt mocassins ça dépend des fois
Et quant à marcher entre deux chansons
J'irais bien pieds nus seulement ça se fait pas
Regarde-moi bien
J'suis une idole
Si j'ai fait mes yeux c'est pour agrandir
Les deux petits quinquets que maman m'a donnés
Je les voudrais bien verts d'ailleurs je le fais dire
Mais ils sont châtains en réalité
J'ai mis mon costume sorti du pressing
Ce vestiaire anglais où on lave même le spleen
Un chanteur qui chante la révolution
Ça planque sa cravate ça met le col Danton
Regarde-moi bien
J'suis une idole
J'ai bronzé ma gueule d'un vieux fond de soleil
Qu'on me refile en douce chez mon parfumeur
Et quand je fous mes codes sous l'arc des merveilles
On voit des canaux qu'on prend pour des pleurs
Quand tout est fini le rideau baissé
Et que j'entends mourir la rumeur complice
Et qu'il n'y a plus rien qu'un silence armé
Par tant de passants sous tant de coulisses
Regarde-moi bien

J'suis une idole
Et je retrouve mon corps celui que je rencontre
Les matins civils quand je me prends pour moi
Le même que l'on voit le même que l'on montre
A je ne sais plus qui pour je ne sais plus quoi
Et je m'en vais souper traqué dans un coin
Avec mes copains sur mon addition
En rasant les tables en me cachant des mains
En disant tout bas la fin de ma chanson
Regardez-moi bien
J'suis qu'un artiste

BEAU SAXO

T'es comme un rossignol
A la voix d'goéland
Qui chante au music-hall
Qui fait danser les gens
T'es comme un baratin
Qui cause en mi bémol
T'es comme un'vieill' putain
Qui mont' qu'à l'entresol
Beau Saxo
Beau Saxo

T'es comme un arc-en-ciel
Sur l'harmonie du soir
T'es comme un maîtr' d'hôtel
Qui joue en blanc et noir
T'es comme un soprano
Qu'aurait vendu Callas
Et chant'rait comme un pot
Le Prologue de Paillasse

Beau Saxo
Beau Saxo

T'es qu'un' chanson d'la nuit
Qui s'étire et qui rampe
Quand l'amour s'est blotti
Au fond d'un verr' de champ
T'es qu'un hautbois d'la grippe
Qu'a sa flûte en vitrine
Et quand tu fais la lippe
T'es l'violon d'Chaliapine

Beau Saxo
Beau Saxo

T'es comme un' maladie
Qu'on piqu'rait au boxon
Et qu'on gard' tout' la vie
Comme un' décoration
Vous êtes comm' les gitans
Vous les saxos, mes frères,
Vous cavalez tout l'temps
Sur l'octave des misères

Beaux saxos
Beaux saxos...

LES MUSICIENS

Ils traînent leurs violons au-delà des portées
La clarinette au bec fumant des pastorales
Et la clef sur la table on les voit s'en aller
Vers des pays là-bas devant leur vitre sale

Ils dérangent la flûte en y soufflant dessus
Pour mieux voir dans la nuit flâner les violoncelles
Au bras d'une harpiste inquiète et survenue
Juste après qu'un violon l'eût prise en chanterelle

Les ailes du génie à portée de leurs bras
Croyant tout inventer ils réinventent tout
Debussy à la plume et Schubert dans la voix
Ils s'envolent dans des oiseaux de quatre sous

Sur leur papier tout pâle ils écoutent chanter
Les hasards de la rue et leur pauvre musique
Dans l'ombre de Bayreuth pendant qu'un groupe anglais
Tire inlassablement ses salves électriques

Ils traînent leurs portées au-delà des violons
Ils dérangent la nuit dans le bruit du silence
La tête achalandée de dix mille chansons
Le sourire des larmes au bord d'une cadence

Ils maquillent l'orgueil au bras des vanités
Ils se tirent dessus quand ils n'ont plus de cible
Ils se montrent du doigt du bout de leur archet
Qui pend ses cheveux blancs à leurs cordes sensibles

Les portes du destin s'entrouvrant par hasard
Par une clef de sol devenue *pathétique*
Le choléra de Tchaïkovsky sur le boul'vard
La rage de Berlioz comme un chien *fantastique*

Alors dans leur miroir ils regardent passer
Les chevaux de Mozart à sa dernière fête
L'oreille de Beethoven en train d'imaginer
Pour la neuvième fois des symphonies muettes

MUSS ES SEIN ? ES MUSS SEIN !

La Musique... La Musique...
Où elle était, la Musique ?

Dans les salons lustrés aux lustres vénérés ?
Dans les concerts secrets aux secrets crinolines ?
Dans les temps reculés aux reculs empaffés ?
Dans les palâis conquis aux conquêtes câlines ?

C'est là qu'elle se pâme, c'est là qu'elle se terre, la Musique...

Nous, c'est dans la rue qu'on la veut, la Musique !

Et elle y viendra !

Et nous l'aurons, la Musique !

MUSS ES SEIN ES MUSS SEIN

Depuis voilà bientôt trente ans
Depuis voilà bientôt dix jours
Depuis voilà bientôt ta gorge
Depuis voilà bientôt ta source
Depuis que je traîne ma course
Au creux des nuits comme un forçat
A patibuler mon écorce

MUSS ES SEIN ES MUSS SEIN

Je suis un arbre non daté
Depuis que je bois à ma porte
Et que de l'enfer tu m'apportes
De quoi trancher sur l'avenir
Depuis que rien ne se dévore
A part les ombres sur le mur
Depuis que tu me sers encore
La défaite sur canapé

MUSS ES SEIN ES MUSS SEIN

Une araignée m'a dit « bonsoir »
Elle se traînait au crépuscule
Depuis que mon âme bascule
Vers des pays plus mécaniques
Depuis que gavé de musique
Je vais porter ma gueule ailleurs
Une araignée m'a dit « d'ailleurs
Le tout c'est d'avoir la pratique »

MUSS ES SEIN ES MUSS SEIN

Ludwig ! Ludwig ! T'es sourdingue ?
Ludwig la Joie Ludwig la Paix
Ludwig ! L'orthographe c'est con !
Et puis, c'est d'un très haut panache
Et ton vin rouge a fait des taches
Sur ta portée des contrebasses
Ludwig ! Réponds ! T'es sourdingue, ma parole !

MUSS ES SEIN ES MUSS SEIN
CELA DOIT-IL ÊTRE CELA EST

La Musique... La Musique...
Où est-elle, aujourd'hui ?

La Musique se meurt, Madame !

Penses-tu ! La Musique ?

Tu la trouves à Polytechnique
Entre deux équations, ma chère !
Avec Boulez dans sa boutique
Un ministre à la boutonnière

Dans la rue, la Musique !

Music ? In the street !

La Musica ? nelle strade !

BEETHOVEN STRASSE !

MUSS ES SEIN ES MUSS SEIN

CELA DOIT-IL ÊTRE ? CELA EST !

MON PIANO

Mon piano
Ton piano
Son piano
Et l'pèr' Czerny qu'j'avais sul dos
Et la d'moiselle aux l'çons d'piano
Et l'Aïda d'monsieur Verdi
Arrangée par un mala-
Prix d'piano prix d'piano prix d'piano

Mon piano
Ton piano
Son piano
Et Debussy qu'j'ai dans la peau
Après Czerny c'est rigolo
Rigolo rigolo rigolo
Et l'Boléro d'monsieur Ravel
Réduit à la portion Pleyel
Son d'Pleyel son d'Pleyel

Not' piano
Vot' piano
Leur piano
Si vous croyez qu'on joue à l'œil
Vous vous mettez le doigt dans
Not' piano
Vot' piano
Leur piano

En quarant' cinq BELA BARTOK
Est mort à New York

Mort de FAIM d'piano
Fin d'piano fin d'piano fin d'piano fin d'piano fin d'piano

L'OPPRESSION

Ces mains bonnes à tout même à tenir des armes
Dans ces rues que les hommes ont tracées pour ton bien
Ces rivages perdus vers lesquels tu t'acharnes
Où tu veux aborder
Et pour t'en empêcher
Les mains de l'oppression

Regarde-la gémir sur la gueule des gens
Avec les yeux fardés d'horaires et de rêves
Regarde-la se taire aux gorges du printemps
Avec les mains trahies par la faim qui se lève

Ces yeux qui te regardent et la nuit et le jour
Et que l'on dit braqués sur les chiffres et la haine
Ces choses « défendues » vers lesquelles tu te traînes
Et qui seront à toi
Lorsque tu fermeras
Les yeux de l'oppression

Regarde-la pointer son sourire indécent
Sur la censure apprise et qui va à la messe
Regarde-la jouir dans ce jouet d'enfant
Et qui tue des fantômes en perdant ta jeunesse

Ces lois qui t'embarrassent au point de les nier
Dans les couloirs glacés de la nuit conseillère
Et l'Amour qui se lève à l'Université
Et qui t'envahira
Lorsque tu casseras
Les lois de l'oppression

Regarde-la flâner dans l'œil de tes copains
Sous le couvert joyeux de soleils fraternels
Regarde-la glisser peu à peu dans leurs mains

Qui formeront des poings
Dès qu'ils auront atteint
L'âge de l'oppression

Ces yeux qui te regardent et la nuit et le jour
Et que l'on dit braqués sur les chiffres et la haine
Ces choses « défendues » vers lesquelles tu te traînes
Et qui seront à toi
Lorsque tu fermeras
Les yeux de l'oppression

LA NOSTALGIE

Ils n'ont de noir qu'un faux drapeau de soixante-huit
Tout est clair dans leurs gestes ils t'apportent la guerre
Ils passent dans la rue ouvre-leur tes habits
Ils y coudront dessus leur ouverture-éclair

Et si jamais la nostalgie te prend
Tu peux toujours imaginer le pire
Sans que jamais personne puisse dire
Quand ça viendra
Et si jamais la nostalgie te prend
Tu peux toujours essayer de poursuivre
Cette comète noire qui t'enivre
Et qui s'en va

Ils n'ont de noir qu'un peu de ce ciel engagé
Tout est clair dans leurs yeux ils regardent la fièvre
Ils moisonnent tes rêves au-dessus des pavés
Ils mouilleront leur pain trempé dedans tes lèvres

Et si jamais la nostalgie te prend
Tu peux toujours croire que ça fonctionne
Et que l'amour ça rend les idées bonnes
Après demain
Et si jamais la nostalgie te prend
Tu peux toujours tenter de faire en sorte
Que les idées ouvrent grandes les portes
Avec tes mains

Ils n'ont de noir qu'un peu de cette raison d'or
Qui grandit la folie au-dessus du courage
Qui fait la vie patiente et inquiète la mort
Qui arrête le temps à la dernière page

Et si jamais la nostalgie te prend
Tu peux toujours la crier dans la rue

Et dire au monde que tu ne veux plus
Perdre ta vie
Et si jamais la nostalgie te prend
Tu peux toujours la regarder en face
Avec tes poings et tu verras que passe
La nostalgie

FRANCO LA MUERTE

L'heure n'est plus au flamenco
Déshonoré Mister Franco
Nous vivons l'heure des couteaux
Nous sommes à l'heure de Grimau

Que t'importe les procédures
Qui font des ombres sur le mur
Quand le bourreau bat la mesure

Franco la muerte

Tu t'es marié à la CAMARDE
Pour mieux baiser les camarades
Les anarchistes qu'on moucharde
Pendant que l'Europe bavarde

Qu'importe si l'Espagne est morte
Entends la mort devant ta porte
C'est Grimau qui te la rapporte

Franco la muerte

Tu couches avec un' Pénélope
Qui tisse un suaire en bas d'l'Europe
Sur cette Espagne que tu stoppes
En attendant qu'elle te chope

L'important pour toi c'est qu'ça dure
Toi tu fais pas d'littérature
T'es pas Lorca t'es sa rature

Franco la muerte

Vienne le temps des poésies
Qui te videront de ton lit
Quand nos couteaux feront leur nid
Au cœur de ta dernière nuit

Cette nuit de la désirade
Vers l'aube claire des grenades
Et l'Espagne des camarades

Espana la vida...

ALLENDE

Ne plus écrire enfin attendre le signal
Celui qui sonnera doublé de mille octaves
Quand passeront au vert les morales suaves
Quand le Bien peignera la crinière du Mal

Quand les bêtes sauront qu'on les met dans des plats
Quand les femmes mettront leur sang à la fenêtre
Et hissant leur calice à hauteur de leur maître
Quand elles diront « Bois en mémoire de moi »

Quand les oiseaux septembre iront chasser les cons
Quand les mecs cravatés respireront quand même
Et qu'il se chantera dedans les hachélèmes
La messe du granit sur un autel béton

Quand les voteurs votant se mettront tous d'accord
Sur une idée sur rien pour que l'horreur se taise
Même si pour la rime on sort la Marseillaise
Avec un foulard rouge et des gants de chez Dior

ALORS NOUS IRONS RÉVEILLER

ALLENDE

Quand il y aura des mots plus forts que les canons
Ceux qui tonnent déjà dans nos mémoires brèves
Quand les tyrans tireurs tireront sur nos rêves
Parce que de nos rêves lèvera la moisson

Quand les tueurs gagés crèveront dans la soie
Qu'ils soient Président ci ou Général de ça
Quand les voix socialistes chanteront leur partie
En mesure et partant vers d'autres galaxies

Quand les amants cassés se casseront vraiment
Vers l'ailleurs d'autre part enfin et puis comment
Quand la fureur de vivre aura battu son temps
Quand l'hiver de travers se croira au printemps

Quand de ce Capital qu'on prend toujours pour Marx
On ne parlera plus que pour l'honneur du titre
Quand le Pape prendra ses évêques à la mitre
En leur disant : « Latin ! Porno ou non, je taxe »

Quand la rumeur du temps cessera pour de bon
Quand le bleu relatif de la mer pâlira
Quand le temps relatif aussi s'évadera
De cette équation triste où le tiennent des cons
Qu'ils soient mathématiques avec Nobel ou non
C'est alors c'est alors que nous réveillerons

ALLENDE

WORDS... WORDS... WORDS...

Et qu'ont-ils à rentrer chaque année les artistes ?
  J'avais sur le futur des mains de cordonnier
Chaussant les astres de mes peaux ensemellées
  La conscience dans le spider je mets les voiles
Et quarante millions de mètres de tailleur
  Prenaient la taille à la putain de Galilée
La terre a bu le coup et penche du Tropique
  Elle reste agrippée à mon temps cellulaire
Je déchargeais des tombereaux de souvenirs
  Nous étions une histoire et n'avions rien à dire
Moi je prendrai la quatrième dimension
  Pour trisser dans l'azur mes jambes migratrices
Le mur instantané que je dresse à la Chine
  Mao c'était le nom de ce Viking flamand
Le tissu d'esquimau vieillit beaucoup plus vite
  Des plaies sur des grabats du Chili à Lisbonne
S'exténuaient en équations de cicatrices
  Le malade concret et l'interne distrait
Sont allés boire un pot au Café de la Morgue
  Des vieillards le chéquier à la main à la banque
Faisaient des virements de testicules abstraits
  L'embryon vaginé derviche dans le manque
Un pavot est venu l'asperger cette nuit
  Mon berceau féodal et mes couilles gothiques
Des faux-nez des trognons des tissus ajoutés
  Fondaient sous les sunlights de l'Opéra Comique
La Standard Oil prend du bidon et du gin fizz
  La fièvre est descendue ce soir à Mexico
O ce parfum diapré dans la nuit des cigales
  Dans une discothèque on a mis des barreaux
Les fenêtres s'en vont de la gorge et du squale
  Ça sent la perfection dans ces rues amputées
Saint-Denis c'est un saint au derrière doublé
  La fièvre est descendue ce soir dans un bordel
Et fallait voir comment ça soufflait dans la cale

Il y a partout des cons bordés d'oiseaux
Comme des lettres cheminant en parchemin
  Nightingale O chansons crevées à minuit trente
J'ai le concile dans la main qui se lamente
  Devant le mur à faire un peu des oraisons
La Folie m'a tenu la main à sa culotte
  On eût dit de la mer s'en allant pour de bon
Viens petit dévets-toi prends du large et jouis
  Je sais des paravents comme un zoom d'espérance
Que font-ils ? Qui sont-ils ?
  Ces gens qu'on tient en laisse
Dans les ports au shopping
  Au bordel à la messe ?
Et ces mômes qu'on pourrait
  Se carrer entre deux trains
Histoire de leur montrer
  Qu'on a du face-à-main
Ils ont voté Ils ont voté
  Comme on prend un barbiturique
Et ils ont mis la République
  Au fond d'un vase à reposer
Les experts ont analysé
  Ce qu'il y avait au fond du vase
Il n'y avait rien qu'un peu de vase

Et qu'ont-ils à rentrer chaque année les Artistes ?
  J'avais sur le futur des mains de cordonnier
Chaussant les astres de mes peaux ensemellées
  La conscience dans le spider je mets les voiles...

Shakespeare aussi était un terroriste

« words... words... words... » disait-il

Videla ?
En français : budelle, tripes
En italien : budella, tripes

En argentin ?
Vas-y voir !

De quoi dégueuler, vraiment !

L'ESPOIR

Dans le ventre des Espagnoles
Il y a des armes toutes prêtes toutes prêtes
Et qui attendent

Des oiseaux finlandais vêtus de habanera
Des vikings aux couteaux tranchant la manzanilla
Des flamenches de Suède brunes comme la cendre
Des guitares désencordées et qui se pendent
Des amants exilés dans les cloches qui sonnent
La Mort qui se promène au bras de Barcelone
Des taureaux traversés qui traversent l'Histoire
Des soleils fatigués qui les regardent boire
Un Orient de misère à la jota engloutie
Les parfums de l'Islam crevant d'Andalousie
Des pavés de flamenco aux gestes anarchiques
Les rythmes du jazz-band pour les paralytiques
Les tam-tams de l'Afrique à portée de guitare
De l'eau fraîche et de l'ombre à jurer pour y croire
Une rue de Madrid avec des fleurs fanées
Un fusil de trente-six qui revient s'y traîner

Un accord de guitare au moment où l'on passe
Un passeur langoureux avant le coup de grâce
La bouteille à la mer dans un drugstore indien
Un habit de lumière dans l'ombre du chagrin
La fureur pensionnée qui se croit dans la rue
Des chansons caraïbes qu'on a perdues de vue
Des cigales fuyant le bruit des castagnettes
Toutes les amériques au fond d'une cassette
Exécutées à l'aube avec la stéréo
Le silence permis au-delà de Franco
Des ailes de moulin plantées sur les maisons
Don Quichotte qui passe à la télévision
Une chaîne en couleur pour avaler tout ça
Le sang avec la veine d'avoir la corrida
Et cent mille danseurs sur la place publique
Pour que Christophe Colomb découvre la Musique

Dans le ventre d'une Espagnole
Il y a l'Espoir qui se gonfle et qui gonfle
Et qui attend... Et qui attend...

MANUEL DE FALLA

PEILLE

On regarderait bien dans les yeux des fenêtres
On compterait les pas si les pas se comptaient
Pour savoir ce qu'il y a au fond de ce village
A Peille je m'en vais ce soir tourner la page
D'un livre qui se mange à sept ou huit copains
On y rencontre l'Art de vivre et d'être bien
A Peille je m'en vais ce soir avec Marie
Je vous salue Madame avec tous vos amis

On regarderait bien dans les yeux de Nana
Pour y lire amoureux la table des matières
Qu'elle t'apporte comme un bouquet de lilas
Mais de ceux qui se mangent et là elle exagère
« Voulez-vous des farcis ? Des raviolis d'étoiles ?
« De cette daube antique où coule la vallée ?
« Du mouton Qui revient de la mer à la voile ?
« C'était long ! Il en a mis du temps, vous savez ? »

A Peille j'ai laissé Mathieu dans la fontaine
A Peille je m'en vais pour laisser mon passé
Chaque fois que j'y passe j'en reprends un morceau
Et l'eau qui l'a gardé me l'a rendu tout frais
Comme d'un souvenir lorsque l'instant paraît
Du fond de ce village où les pierres se parlent
A Peille je m'en vais ce soir avec Marie
Je vous salue Madame avec tous vos amis

Peille...
Alpes-Maritimes...
France

SI LES CHEVEUX DES FEMMES
ÉTAIENT ENHARMONIQUES
JE POURRAIS LES TRANSPOSER
SANS PROBLÈME

SI LE BASSON JOUAIT DANS LA TESSITURE
DU VIOLON JE DIRAIS A IVRY GITLIS
DE S'ACHETER UN BALLON DIRIGEABLE

LES ÉTRANGERS

Regarde-la ta voile elle a les seins gonflés
La marée de tantôt te l'a deshabillée
Les bateaux comme les filles ça fait bien des chichis
Mais ce genre de bateau ça drague pas dans Paris

T'as les yeux de la mer et la gueule d'un bateau
Les marins c'est marrant même à terre c'est dans l'eau
Ta maman a piqué sur ta tête de vieux chien
Deux brillants que tu mets quand t'embarques ton destin

C'est pas comme en avril en avril soixante-huit
Lochu tu t'en souviens la mer on s'en foutait
On était trois copains avec une tragédie
Et puis ce chien perdu tout prêt à se suicider

Quand la mer se ramène avec des étrangers
Homme ou chien c'est pareil on les regarde naviguer
Et dans les rues de Lorient ou de Brest pour les sauver
Y'a toujours un marin qui rallume son voilier

Regarde-la ta quille à la mer en allée
La marée de tantôt te l'a tout enjupée
Les bateaux comme les filles ça fait bien du chiqué
Mais quand on se fout à l'eau faut savoir naviguer

T'as le cœur comme ces rocs vêtus de Chantilly
Quand la tempête y'a fait un shampooing dans la nuit
Ta maman t'a croché deux ancres aux doigts de chair
Et les lignes de ta main ça se lit au fond de la mer

C'est pas comme en avril en avril soixante-huit
Lochu tu t'en souviens dans ces rues de l'emmerde
On était trois copains au bout de mille nuits
Et le jour qui se pointait afin que rien ne se perde

Quand la mer se ramène avec des étrangers
En Bretagne y'a toujours la crêperie d'à côté
Et un marin qui te file une bonne crêpe en ciment
Tellement il y'a fourré des tonnes de sentiment

Regarde-la ta barre comme de la Pop musique
Ça fait un vrai bordel chez les maquereaux très chics
La mer a ses anglais avec le drapeau noir
On dirait Soixante-huit qui s'en revient du trottoir

Ma maman m'a cousu une gueule de chimpanzé
Si t'as la gueule d'un bar je m'appelle Pépée Ferré
C'est pas comme en avril en avril de mon cul
Dans ce bar adossé au destin de la rue

Et c'est pas comme demain en l'An de l'An Dix mille
Lochu tu t'en souviens c'était beau dans ce temps-là
La mer dans les Soleils avec ou bien sans quille
Un bateau dans les dents des étoiles dans la voix

Et quand on se ramenait avec nos Galaxies
Ça faisait un silence à vous mourir d'envie
Et les soirs d'illusion avec la nuit qui va
Dans Brest et dans Lorient on pleure et on s'en va

Lochu ? L'An Dix mille... Tu te rappelles ?
Lochu ? L'An Dix mille...
L'An Dix mille, l'An Dix mille, l'An Dix mille, l'An Dix mille...

IL N'Y A PLUS RIEN

Ecoute, écoute... Dans le silence de la mer, il y a comme un balancement maudit qui vous met le cœur à l'heure, avec le sable qui se remonte un peu, comme les vieilles putes qui remontent leur peau, qui tirent la couverture.

Immobile... L'immobilité, ça dérange le siècle. C'est un peu le sourire de la vitesse, et ça sourit pas lerche, la vitesse, en ces temps.
Les amants de la mer s'en vont en Bretagne ou à Tahiti...
C'est vraiment con, les amants.

Il n'y a plus rien

Camarade maudit, camarade misère...
Misère, c'était le nom de ma chienne qui n'avait que trois pattes.
L'autre, le destin la lui avait mise de côté pour les olympiades de la bouffe et des culs semestriels qu'elle accrochait dans les buissons pour y aller de sa progéniture.
Elle est partie, Misère, dans des cahots, quelque part dans la nuit des chiens.
Camarade tranquille, camarade prospère,
Quand tu rentreras chez toi
Pourquoi chez toi ?
Quand tu rentreras dans ta boîte, rue d'Alésia ou du Faubourg
Si tu trouves quelqu'un dans ton lit,
Si tu y trouves quelqu'un qui dort
Alors vas-t'en, dans le matin clairet
Seul
Te marie pas
Si c'est ta femme qui est là, réveille-la de sa mort imagée

Fous-lui une baffe, comme à une qui aurait une syncope ou une crise de nerfs...
Tu pourras lui dire : « T'as pas honte de t'assumer comme ça dans ta liquide sénescence.

Dis, t'as pas honte ? Alors qu'il y a quatre-vingt-dix mille espèces de fleurs ?
Espèce de conne !
Et barre-toi !
Divorce-la
Te marie pas !
Tu peux tout faire :
T'empaqueter dans le désordre, pour l'honneur, pour la conservation du titre...

Le désordre, c'est l'ordre moins le pouvoir !

Il n'y a plus rien

Je suis un nègre blanc qui mange du cirage
Parce qu'il se fait chier à être blanc, ce nègre,
Il en a marre qu'on lui dise : « Sale blanc ! »

A Marseille, la sardine qui bouche le Port
Etait bourrée d'héroïne
Et les hommes-grenouilles n'en sont pas revenus...
Libérez les sardines
Et y'aura plus de mareyeurs !

Si tu savais ce que je sais
On te montrerait du doigt dans la rue
Alors il vaut mieux que tu ne saches rien
Comme ça, au moins, tu es peinard, anonyme, Citoyen !

Tu as droit, Citoyen, au minimum décent
A la publicité des enzymes et du charme
Au trafic des dollars et aux trafiquants d'armes
Qui traînent les journaux dans la boue et le sang
Tu as droit à ce bruit de la mer qui descend
Et si tu veux la prendre elle te fera du charme
Avec le vent au cul et des sextants d'alarme
Et la mer reviendra sans toi si tu es méchant

Les mots... toujours les mots, bien sûr !
Citoyens ! Aux Armes !
Aux pépées, Citoyens ! A l'Amour, Citoyens !
Nous entrerons dans la carrière quand nous aurons cassé la gueule à nos aînés !
Les Préfectures sont des monuments en airain... un coup d'aile d'oiseau ne les entame même pas... C'est vous dire !

Nous ne sommes même plus des juifs allemands
Nous ne sommes plus rien

Il n'y a plus rien

Des futals bien coupés sur lesquels lorgnent les gosses, certes !
Des poitrines occupées
Des ventres vacants
Arrange-toi avec ça !

Le sourire de ceux qui font chauffer leur gamelle sur les plages reconverties et démoustiquées
C'est-à-dire en enfer, là où Dieu met ses lunettes noires pour ne pas risquer d'être reconnu par ses admirateurs
Dieu est une idole, aussi !
Sous les pavés il n'y a plus *la plage*
Il y a l'enfer et la Sécurité
Notre vraie vie n'est pas ailleurs, elle est ici
Nous sommes au monde, on nous l'a assez dit
N'en déplaise à la littérature

Les mots, nous leur mettons des masques, un bâillon sur la tronche
A l'encyclopédie, les mots !
Et nous partons avec nos cris !
Et voilà !

Il n'y a plus rien... plus, plus rien

Je suis un chien ?
Perhaps !
Je suis un rat
Rien
Avec le cœur battant jusqu'à la dernière battue

Nous arrivons avec nos accessoires pour faire le ménage dans la tête des gens :
« Apprends donc à te coucher tout nu !
« Fous en l'air tes pantoufles !
« Renverse tes chaises !
« Mange debout !
« Assois-toi sur des tonnes d'inconvenances et montre-toi à la fenêtre en gueulant des gueulantes de principe

Si jamais tu t'aperçois que ta révolte s'encroûte et devient une habituelle révolte, alors,
Sors
Marche
Crève
Baise

Aime enfin les arbres, les bêtes et détourne-toi du conforme et de l'inconforme
Lâche ces notions, si ce sont des notions
Rien ne vaut la peine de rien

Il n'y a plus rien... plus, plus rien

Invente des formules de nuit : CLN... C'est la nuit !
Même au soleil, surtout au soleil, c'est la nuit
Tu peux crever... Les gens ne retiendront même pas une de leur inspiration.
Ils canaliseront sur toi leur air vicié en des regrets éternels puant le certificat d'études et le catéchisme ombilical.
C'est vraiment dégueulasse
Ils te tairont, les gens.
Les gens taisent l'autre, toujours.
Regarde, à table, quand ils mangent...
Ils s'engouffrent dans l'innomé
Ils se dépassent eux-mêmes et s'en vont vers l'ordure et le rot ponctuel !

La ponctuation de l'absurde, c'est bien ce renversement des réacteurs abdominaux, comme à l'atterrissage : on rote et on arrête le massacre.
Sur les pistes de l'inconscient, il y a des balises baveuses toujours un peu se souvenant du frichti, de l'organe, du repu.

Mes plus beaux souvenirs sont d'une autre planète
Où les bouchers vendaient de l'homme à la criée

Moi, je suis de la race ferroviaire qui regarde passer les vaches
Si on ne mangeait pas les vaches, les moutons et les restes
Nous ne connaîtrions ni les vaches, ni les moutons, ni les restes...
Au bout du compte, on nous élève pour nous becqueter
Alors, becquetons !
Côte à l'os pour deux personnes, tu connais ?

Heureusement il y a le lit : un parking !
Tu viens, mon amour ?
Et puis, c'est comme à la roulette : on mise, on mise...
Si la roulette n'avait qu'un trou, on nous ferait miser quand même
D'ailleurs, c'est ce qu'on fait !
Je comprends les joueurs : ils ont trente-cinq chances de ne pas se faire mettre...

Et ils mettent, ils mettent...
Le drame, dans le couple, c'est qu'on est deux
Et qu'il n'y a qu'un trou dans la roulette...

Quand je vois un couple dans la rue, je change de trottoir

Te marie pas
Ne vote pas
Sinon t'es coincé

Elle était belle comme la Révolte
Nous l'avions dans les yeux, dans les bras, dans nos futals
Elle s'appelait l'Imagination

Elle dormait comme une morte, elle était comme morte
Elle sommeillait
On l'enterra de mémoire

Dans le cocktail Molotov, il faut mettre du Martini, mon petit !

Transbahutez vos idées comme de la drogue... Tu risques rien à la frontière
Rien dans les mains
Rien dans les poches

Tout dans la tronche !

— Vous n'avez rien à déclarer ?
— Non.
— Comment vous nommez-vous ?
— Karl Marx.
— Allez, passez !

Nous partîmes... Nous étions une poignée...
Nous nous retrouverons bientôt démunis, seuls, avec nos projets d'imagination dans le passé
Ecoutez-les... Ecoutez-les...
Ça rape comme le vin nouveau
Nous partîmes... Nous étions une poignée
Bientôt ça débordera sur les trottoirs
La parlotte ça n'est pas un détonateur suffisant
Le silence armé, c'est bien, mais il faut bien fermer sa gueule...
Toutes des concierges !
Ecoutez-les...

Il n'y a plus rien

Si les morts se levaient ?
Hein ?

Nous étions combien ?
Ça ira !

La tristesse, toujours la tristesse...

Ils chantaient, ils chantaient...
Dans les rues...

Te marie pas Ceux de San Francisco, de Paris, de Milan
Et ceux de Mexico
Bras dessus bras dessous
Bien accrochés au rêve

Ne vote pas

O DC8 des Pélicans
Cigognes qui partent à l'heure
Labrador Lèvres des bisons
J'invente en bas des rennes bleus
En habit rouge du couchant
Je vais à l'Ouest de ma mémoire
Vers la Clarté vers la Clarté

Je m'éclaire la Nuit dans le noir de mes nerfs
Dans l'or de mes cheveux j'ai mis cent mille watts
Des circuits sont en panne dans le fond de ma viande
J'imagine le téléphone dans une lande
Celle où nous nous voyons moi et moi
Dans cette brume obscène au crépuscule teint
Je ne suis qu'un voyant embarrassé de signes
Mes circuits déconnectent
Je ne suis qu'un binaire

Mon fils, il faut lever le camp comme lève la pâte
Il est tôt Lève-toi Prends du vin pour la route
Dégaine-toi du rêve anxieux des biens assis
Roule Roule mon fils vers l'étoile idéale
Tu te rencontreras Tu te reconnaîtras
Ton dessin devant toi, tu rentreras dedans
La mue ça se fait à l'envers dans ce monde inventif
Tu reprendras ta voix de fille et chanteras Demain

Retourne tes yeux au-dedans de toi
Quand tu auras passé le mur du mur
Quand tu auras outrepassé ta vision
Alors tu verras rien

Il n'y a plus rien

Que les pères et les mères
Que ceux qui t'ont fait
Que ceux qui ont fait tous les autres
Que les « monsieur »
Que les « madame »
Que les *« assis »* dans les velours glacés, soumis, mollasses
Que ces horribles magasins bipèdes et roulants
Qui portent tout en devanture
Tous ceùx-là à qui tu pourras dire :

Monsieur !
Madame !

Laissez donc ces gens-là tranquilles
Ces courbettes imaginées que vous leur inventez
Ces désespoirs soumis
Toute cette tristesse qui se lève le matin à heure fixe pour aller gagner VOS sous,
Avec les poumons resserrés
Les mains grandies par l'outrage et les bonnes mœurs
Les yeux défaits par les veilles soucieuses...
Et vous comptez *vos* sous ?
Pardon... LEURS sous !

Ce qui vous déshonore
C'est la propreté administrative, écologique dont vous tirez orgueil
Dans vos salles de bains climatisées
Dans vos bidets déserts
En vos miroirs menteurs...

Vous faites mentir les miroirs
Vous êtes puissants au point de vous refléter tels que vous êtes
Cravatés
Envisonnés
Empapaoutés de morgue et d'ennui dans l'eau verte qui descend des montagnes et que vous vous êtes arrangés pour soumettre
A un point donné
A heure fixe

Pour vos narcissiques partouzes.
Vous vous regardez et vous ne pouvez même plus vous reconnaître
Tellement vous êtes beaux
Et vous comptez vos sous
En long
En large
En marge
De ces salaires que vous lâchez avec précision
Avec parcimonie
J'allais dire « en douce » comme ces aquilons avant-coureurs et qui racontent les exploits du bol alimentaire, avec cet apparat vengeur et nivellateur qui empêche toute identification...
Je veux dire que pour exploiter votre prochain, vous êtes les champions de l'anonymat.

Les révolutions ? Parlons-en !
Je veux parler des révolutions qu'on peut encore montrer
Parce qu'elles vous servent,
Parce qu'elles vous ont toujours servis,
Ces révolutions de « l'histoire »,
Parce que les « histoires » ça vous amuse, avant de vous intéresser,
Et quand ça vous intéresse, il est trop tard, on vous dit qu'il s'en prépare une autre.
Lorsque quelque chose d'inédit vous choque et vous gêne,
Vous vous arrangez la veille, toujours la veille, pour retenir une place
Dans un palace d'exilés, entouré du prestige des déracinés.
Les racines profondes de ce pays, c'est Vous, paraît-il,
Et quand on vous transbahute d'un « désordre de la rue », comme vous dites, à un « ordre nouveau », comme ils disent, vous vous faites greffer au retour et on vous salue.

Depuis deux cents ans, vous prenez des billets pour les révolutions.
Vous seriez même tentés d'y apporter votre petit panier,
Pour n'en pas perdre une miette, n'est-ce pas ?
Et les « vauriens » qui vous amusent, ces « vauriens » qui vous dérangent aussi, on les enveloppe dans un fait divers pendant que vous enveloppez les « vôtres » dans un drapeau.

Vous vous croyez toujours, vous autres, dans un haras !
La race ça vous tient debout dans ce monde que vous avez assis.
Vous avez le style du pouvoir
Vous en arrivez même à vous parler à vous-mêmes
Comme si vous parliez à vos subordonnés,
De peur de quitter votre stature, vos boursouflures, de peur qu'on vous montre du doigt, dans les corridors de l'ennui, et qu'on se dise : « Tiens, il baisse, il va finir par se plier, par ramper »
Soyez tranquilles ! Pour la reptation, vous êtes imbattables ; seulement, vous ne vous la concédez que dans la métaphore... Vous voulez bien vous allonger mais avec de l'allure,
Cette « allure » que vous portez, Monsieur, à votre boutonnière,
Et quand on sait ce qu'a pu vous coûter de silences aigres,
De renvois mal aiguillés
De demi-sourires séchés comme des larmes,
Ce ruban malheureux et rouge comme la honte dont vous ne vous êtes jamais décidé à empourprer votre visage,
Je me demande comment et pourquoi la Nature met
Tant d'entêtement,
Tant d'adresse
Et tant d'indifférence biologique
A faire que vos fils ressemblent à ce point à leurs pères,
Depuis les jupes de vos femmes matrimoniaires
Jusqu'aux salonnardes équivoques où vous les dressez à boire,
Dans votre grand monde,
A la coupe des bien-pensants.

Moi, je suis un bâtard.
Nous sommes tous des bâtards.
Ce qui nous sépare, aujourd'hui, c'est que votre bâtardise à vous est sanctionnée par le *code civil*
Sur lequel, avec votre permission, je me plais à cracher, avant de prendre congé.
Soyez tranquilles, Vous ne risquez Rien

Il n'y a plus rien

Et ce rien, on vous le laisse !
Foutez-vous-en jusque-là, si vous pouvez,
Nous, on peut pas.
Un jour, dans dix mille ans,
Quand vous ne serez plus là,
Nous aurons TOUT
Rien de vous
Tout de Nous

Nous aurons eu le temps d'inventer la Vie, la Beauté, la Jeunesse,
Les Larmes qui brilleront comme des émeraudes dans les yeux des filles,
Le sourire des bêtes enfin détraquées,
La priorité à Gauche, permettez !

Nous ne mourrons plus de rien
Nous vivrons de tout

Et les microbes de la connerie que vous n'aurez pas manqué de nous léguer, montant
Dc vos fumures
De vos livres engrangés dans vos *silo*thèques
De vos documents publics
De vos règlements d'administration pénitentiaire
De vos décrets
De vos prières, même,
Tous ces microbes...
Soyez tranquilles,
Nous avons déjà des machines pour les révoquer

NOUS AURONS TOUT

Dans dix mille ans.

LE CONDITIONNEL DE VARIÉTÉS

Je ne suis qu'un artiste de Variétés et ne peux rien dire qui ne puisse être dit « de variétés », car on pourrait me reprocher de parler de choses qui ne me regardent pas

Comme si je vous disais qu'un Premier Ministre Britannique ou bien Papou ou bien d'ailleurs pouvait être déclaré incompétent

Comme si je vous disais qu'un ministre de l'Intérieur d'une République lointaine ou plus présente pouvait être une canaille

Comme si je vous disais que les cadences chez Renault sont exténuantes

Comme si je vous disais que les cadences exténuent les ouvriers, jamais les Présidents

Comme si je vous disais que l'humiliation devrait pourtant s'arrêter devant ces femmes des industries chimiques avec leurs doigts bouffés aux acides et leurs poumons en rade

Comme si je vous disais qu'à Tourcoing et plus généralement dans le textile, en ce moment, ça licencie facile

Comme si je vous disais qu'il pourrait peut-être exister un prisonnier politique qu'on aurait jugé pour la forme

Comme si je vous disais que je pourrais suivre dans la rue ce procureur qui regarde avec l'eau dans la bouche, le ventre d'une enfant mineure

Comme si je vous disais que ce procureur pourrait être celui qui aurait pu requérir contre ce prisonnier politique qu'on aurait jugé pour la forme

Comme si je vous disais qu'un intellectuel peut descendre dans la rue et vendre le journal

Comme si je vous disais que ce journal est un journal qu'on aurait pu interdire

Comme si je vous disais que le pays qui s'en prend à la liberté de la presse est un pays au bord du gouffre

Comme si je vous disais que ce journal qui aurait pu être interdit par ce pays au bord du gouffre pourrait peut-être s'appeler la Cause du Peuple

Comme si je vous disais que le gouvernement intéressé par ce genre de presse d'opposition pourrait sans doute s'imaginer qu'il n'y a ni cause ni peuple

Comme si je vous disais que dans le cas bien improbable où l'on interdirait le journal la Cause du Peuple, il faudrait l'acheter et le lire

Comme si je vous disais qu'il faudrait alors en parler à vos amis

Comme si je vous disais que les amis de vos amis peuvent faire des millions d'amis

Comme si je vous disais d'aller tous ensemble faire la révolution

Comme si je vous disais que la révolution c'est peut-être une variété de la politique

Et je ne vous dis rien qui ne puisse être dit de « variétés », moi qui ne suis qu'un artiste de Variétés

T'ES CHOUETTE

Avec tes pantalons fuseaux
Qui revête(nt) à peine ta peau
Avec tes mains des soirs de bal
A dessiner les fleurs du mal
Avec ta mèch' qui fait l'tapin
En haut d'ta gueul' comme un grappin
Avec tes dents dans le mitan
De tes baisers à cent mill' francs
Avec tes hanch's télévisées
Quand j' suis pas là pour les viser
Avec tes yeux à négocier
Tout's les mirett's de ton quartier
Avec tes dents au beau milieu
D'ta bouch' qui bouff' pas qu' du bon dieu
Avec ta gain' qui fait scandale
A cacher l'péché capital
Avec ton or qu'on va chercher
Dans un filon pas haut perché
Avec tes bras serrés d'un cran
Quand on n'a pas tout à fait l'temps
Avec ta rivière à diamants
Quand on en croque évidemment
Avec ta gorge et ses pépins
Qui vont par deux comm' les câlins
Avec ton pyjama lilas
Que tu mets quand je n'suis pas là
Avec ton deux pièce(s) à carreaux
Dont j'ne connais que l'bout du haut
Avec la rage sous ta peau
Quand tu plies comm' plient les roseaux
Avec mes bras comme un collier
Au moment où tu vas m'gueuler

C'est chouette... c'est chouette !

C'EST EXTRA

Une robe de cuir comme un fuseau
Qu'aurait du chien sans l'faire exprès
Et dedans comme un matelot
Une fille qui tangue un air anglais
C'est extra
Les « moody blues » qui chant'nt la nuit
Comme un satin de blanc marié
Et dans le port de cette nuit
Une fille qui tangue et vient mouiller

C'est extra

Des cheveux qui tomb'nt comme le soir
Et d'la musique en bas des reins
Ce jazz qui djazze dans le noir
Et ce mal qui nous fait du bien
C'est extra
Ces mains qui jouent de l'arc-en-ciel
Sur la guitare de la vie
Et puis ces cris qui mont'nt au ciel
Comme une cigarett' qui prie

C'est extra

Des bas qui tiennent haut perché
Comme les cordes d'un violon
Et cette chair que vient troubler
L'archet qui coule ma chanson
C'est extra
Et sous le voile à peine clos
Cette touffe de noir Jésus
Qui ruisselle dans son berceau
Comme un nageur qu'on n'attend plus

C'est extra

Une robe de cuir comme un oubli
Qu'aurait du chien sans l'faire exprès
Et dedans comme un matin gris
Une fille qui tangue et qui se tait
C'est extra
Les « moody blues » qui s'en balancent
Cet ampli qui n'veut plus rien dire
Et dans la musique du silence
Une fille qui tangue et vient mourir

C'est extra

LA CHANSON DES AMANTS

Ça fait pas d'politique
Ça fait que d'la musique
Au fond des lits d'amour

Ça se prend par la taille
Ça plie comme la paille
Quand les grains sont trop lourds

Ça choisit des caresses
Des caresses qui blessent
Des caresses qui tuent

Ça s'tue tous les quarts d'heure
C'est fou c'que les gens meurent
Quand ils se disent « tu »

Ça s'envoie des paroles
Aussitôt qui s'envolent
Comme les p'tits oiseaux

Quelquefois ça s'engueule
Ça se fout sur la gueule
Et ça s'aim' de nouveau

Ça fait pas des affaires
Ça n'fait que des manières
Au fond des lits d'amour

Ça se prend ça se quitte
Ça s'double et l'on est quitte
Après la nuit le jour

Ça choisit des toilettes
Des toilett's où l'on guette
Un coin de paradis

Quand ça part en voyage
Ça traîne à chaque page
Du feuill'ton de la vie

Ça s'envoie des outrages
Et ça pleure et ça rage
Et ça s'quitt' « bons amis »

Quelquefois ça s'regrette
— Ot' donc voir ta voilette
Que j'te parl' du pays...

Ça part dans les étoiles
Pour un rien ça cavale
Dans des foutus endroits

Quand ça r'tombe ça rigole
Quant aux ail's ça s'recolle
Et ça sert plusieurs fois

Ça choisit des ivresses
Des ivresses qui laissent
Un goût de r'venez-y

Ça revient et ça tarde
Au bout d'une cocarde
Accrochée à la nuit

Ça s'envoie des promesses
Des promesses qui cessent
Dès que tourne le vent

Tout juste si ça dure
Huit à seize mesures
La chanson des amants

DANS LES « NIGHT »

Dans les « night »
Y'a la vie qui s'projette avec un scotch au cul
Y'a des mômes que l'on jette avec la rage au con
Y'a la mer qui déborde entre deux conneries Pop
Y'a la mort qui jouit sur un' Kawasaki
Dans les « night »

Je t'aime à la Folie Je t'aime à en crever
Je t'aime à me trancher la gorge et puis chanter
Avec du sang-guitare et le disquaire en plus
Je t'aime et c'est peu dire on dirait qu'ça déconne
Dans les « night »

Dans les « night »
Y'a des parfums de nuit qui montent des bas-fonds
Y'a des filles que l'on ouvre un peu plus qu'il faudrait
Y'a des flics dans les yeux des plus de vingt-cinq piges
Y'a l'Amour qui s'en va au bras d'un assassin
Dans les « night »

Je t'aime à la folie Je t'aime à en canner
Je t'aime au fait comme je t'aime et si tu chiales
Pense aux années perdues où je chialais de toi
Sans savoir qui tu étais sans savoir qui j'étais
Dans les « night »

Y'a des mômes aux ch'veux longs qui s'enchristent et se pagent
Y'a des mômes qui s'ébrouent dans les bras de leur ombre
Y'a des mômes qui transitent et s'en vont comme les anges
Dans les enfers coton où tapine Marie-Jeanne
Dans les « night »

Je t'aime à la Folie Je t'aime à en renaître
A partir de ton ventre où mouillent des étoiles
A partir de l'écume où la mer se souvient
O toi qui tant jouis sous les becs de mes yeux
Dans les « night »

Dans les « night »
Y'a le noir qui projette un peu de cette brume
Qui fait les corps surpris au milieu de la mort
Y'a du blanc dans les yeux des filles que l'on plume
Sous l'œil d'un projo-sang et de la Stéréo
Dans les « night »

Je t'aime à la Folie Je t'aime à t'empaler
Comme t'empalerait quiconque te voit pâle
Dans cette soie du lit où l'Amour va gueuler
De n'être de l'Amour qu'un souvenir voilé
Dans les « night »

Dans les « night »
Y'a des corps morts debout qui slowent et qui se spasment
Y'a des chairs éblouies sous la Pop de service
Y'a la plage et l'Afrique étalée sur la piste
Et cette marée brune au cou des enfants tristes
Dans les « night »

Je t'aime à la Folie Je t'aime et te polenne
Comme ces fleurs du Mal qui traînent dans les « night »
Avec leur œil de plume où coulent des baisers
Et qui vous font des mômes rien qu'à les regarder
Dans les « night »

Dans les « night »
Y'a ton cul et mon ange noir qui va y boire
Y'a ton cul des étoiles où je perds la tendresse
Y'a ton cul des bijoux de la Mélancolie
Y'a ton cul comme une algue au fond de ma mémoire
Dans les « night »

Je t'aime à la Folie et je suis dingue de vous
O Madame la Joie quand elle sort de Toi
Avec ses cris d'enfant Lumière de ma nuit
Cette éternelle nuit collée à mon Amour
Dans les « night »

PETITE

Tu as des yeux d'enfant malade
Et moi j'ai des yeux de marlou
Quand tu es sortie de l'école
Tu m'as lancé tes petits yeux doux
Et regardé pas n'importe où
Et regardé pas n'importe où

Ah ! petite Ah ! petite
Je t'apprendrai le verbe « aimer »
Qui se décline doucement
Loin des jaloux et des tourments
Comme le jour qui va baissant
Comme le jour qui va baissant

Tu as le col d'un enfant cygne
Et moi j'ai des mains de velours
Et quand tu marchais dans la cour
Tu t'apprenais à me faire signe
Comme si tu avais eu vingt ans
Comme si tu avais eu vingt ans

Ah ! petite Ah ! petite
Je t'apprendrai à tant mourir
A t'en aller tout doucement
Loin des jaloux et des tourments
Comme le jour qui va mourant
Comme le jour qui va mourant

Tu as le buste des outrages
Et moi je me prends à rêver
Pour ne pas fendre ton corsage
Qui ne recouvre qu'une idée
Une idée qui va son chemin
Une idée qui va son chemin

Ah ! petite Ah ! petite
Tu peux reprendre ton cerceau
Et t'en aller tout doucement
Loin de moi et de mes tourments
Tu reviendras me voir bientôt
Tu reviendras me voir bientôt

Le jour où ça ne m'ira plus
Quand sous ta robe il n'y aura plus
Le Code Pénal

AMRIA

Je ne sais rien de pur comme un jour de malheur
Quand l'aube met le deuil sur le velours des filles
Comme un surplis de sang surfilé de bonne heure
A l'aube je te dis comme on se met les villes

Et si je t'en raconte encor c'est que l'ivresse
Ne m'est pourtant comptée qu'en faveur des palais
Où se sdraillent des fées à sucer ma paresse
Invente donc l'été dans leur frigo brûlé

Dis-leur qu'un beau jardin n'a pas besoin de lune
Qu'un désordre savant n'arrange pas ton dû
Parle-leur de la route ancienne et des fortunes
Qui coulent dans ta moelle au petit jour têtu

Je baise donc Je suis je ne sais rien de grand
Comme un brick sur le flot et qui se prend pour Elle
J'invente sa carène alors en son mitan
Et je me dis que ses chevaux bavent des ailes

Il faut tourner de l'œil comme on tourne une page
La Bible dans le fond du lit bâille un chouya
Cette Afrique t'en souviens-tu ? c'était l'orage
De mes cinquantes berges enverguant l'Amria

Amria m'entends-tu ? derrière tes yeux menthe
Des étoiles se font la paire et t'ensanglottent
Et tes prières qui leur remontent la pente
Les font se perdre ailleurs dans les années loupiotes

Le temps n'est rien Petite Il faut bien se charmer
Si la bruyère te démange au creux du rêve
Je pourrai la brouter de mémoire et semer
Dans ton regard violet la violette qui lève

Mon mil neuf cent dix-sept à moi c'est dans AMRIA

LA GITANE

T'es bien roulée dans ton tabac
Viens que j't'aspire au bout d'mes doigts
Comme un' frangine à la dérive
Qu'a son tabac dans ses archives
Et qui vous r'fil' tous ses dossiers
Histoir' de mieux vous renseigner
T'est un' donneus' de paradis
T'es ma gitan' et ça m'suffit
T'es ma gitan' t'es mon amie

T'es bien sapée dans ton futal
Comme un' cibiche qu'on fume au bal
Comme un' frangin' qui part en douce
Qu'a sa valis' dans sa frimousse
Et qui vous laiss' sur le pavé
A fair' tranquill' des ronds d'fumée
T'es un' copin' de patachon
T'es ma gitan' t'es mon tison
T'es ma gitan' t'es mon patron

T'es bien à l'ais' sous mon briquet
Viens que j't'allume et viens t'user
Comme un' frangine à régalade
Qu'on boit d'un trait sous une œillade
Et qui s'épuis' comme un godet
Au fond d'la gorge à s'régaler
Et quand l'amour vient s'consumer
Comme un mégot dans l'cendrier
J'prends un' celtique dans mon paquet...

QUAND JE FUMERAI AUTRE CHOSE QUE DES CELTIQUES

Quand je fumerai autre chose que des Celtiques

Je veux être drapé de noir et de raison
Battre de l'aile au bord de l'enfer démocrate
Et cracher sur Trotsky sur Lénine et Socrate
Et qu'on dise de moi « Mon Dieu qu'il était con ! »

Quand je fumerai autre chose que des Celtiques

« Il n'aimait rien de ce que l'on nous fait aimer
Et marchait seul, devant, le poing dans l'utopique
Il croyait que l'amour c'est comme la musique
Alors que votre amour s'est immatriculé »

Quand je fumerai autre chose que des Celtiques

Moi je suis con, ma foi, mes fleurs noires à la face
Fini le temps des bombes, aujourd'hui on transige
On groupuscule, on parlemente et l'on exige
D'un mec à cheveux longs qu'il crame ou qu'il s'efface

Quand je fumerai autre chose que des Celtiques

Je veux mourir tout seul là-bas au bout du quai
Tiré à quatre chiens dans la nuit camarade
Avec dans mes paquets mon hibou sérénade
Qui n'y voit que la nuit pour mieux m'accompagner

ALORS NOUS TIRERONS NOS DERNIÈRES CARTOUCHES

NIGHT AND DAY

Et j'étais l'homme abstrait à cheval sur Neptune
Night and day
Moi noctambule affreux vivant à bout portant
Night and day
Des biologistes dans les bars faisaient fortune
Night and day
A mettre du Pernod dans les fleuves de sang
Night and day

Ça tape ça tape ça tape
Ça crie ça crie ça crie
Ça tape ça crie ça gueule
Et puis ça rotative

Et l'encre se déloque à la gueule des gens
Le sperme des nouvelles se met du noir aux yeux
Des nouvelles sensas et super et mon cul
A vous donner l'idée de retourner vers les oiseaux

Night and day
Night and day
Night and day

Je pensais des vagins et ne savais pas l'heure
Night and day
J'avais des putains lasses au bout de mon charnier
Night and day
Je tricotais des kilomètres à cent à l'heure
Night and day
Ça me fera des pulls pénards à m'hiverner
Night and day

Ça tape ça tape ça tape
Ça crie ça crie ça crie
ça tape ça crie ça gueule
Et puis ça rotative

Et l'encre sèche vite dans les pattes des gens
Et le sang des nouvelles a rougi dans leurs mains
Des nouvelles à la con et puis dingue et mon cul
A vous donner l'envie de vous brancher en quatrième

Night and day
Night and day
Night and day

Je cassais les réveils les montres les horloges
Night and day
Et des femmes gobaient les œufs de leurs amants
Night and day
L'océan de ton cul déferle dans ma loge
Night and day
Ton cancer a deux jours et tu as dix-huit ans
Night and day

Ça tape ça tape ça tape
Ça crie ça crie ça crie
Ça tape ça crie ça gueule
Et puis ça rotative

Et l'encre fait aux gens des souvenirs encrés
Et les nouvelles jouent aux quatre coins du monde
Des nouvelles à la gland des nouvelles du monde
A vous donner l'envie de dégueuler la quadrature

Night and day
Night and day
Night and day

Il paraît que la Vérité est aux toilettes

Et qu'elle n'a pas tiré la chasse

La Vérité c'est dégueulasse night and day

LA LANGUE FRANÇAISE

C'est un' barmaid
Qu'est ma darling
Mais in the bed
C'est mon travelling
Mon best seller
Et mon planning
C'est mon starter
After shaving
J'suis son parking
Son one man show
Son fuel *son* king
Son slip *au chaud*
Rien qu'un p'tit flash
Au five o'clock
J'paie toujours cash
Dans l'bondieu scop

ET J'CAUSE FRANÇAIS
C'EST UN PLAISIR

C'est ma starlett
Ma very good
Mon pick-*galette*
Mon hollywood
C'est ma baby
Au tea for two
C'est ma lady
Au one two two
J'suis son jockey
Son steeple chase
J'sais la driver
A la française
*Dans l'*sleeping car
After *paillasse*
A son milk bar
J'me tape un glass

ET J'CAUSE FRANÇAIS
C'EST UN PLAISIR

C'est ma call girl
Ma savourex
Qu'effac' sa gueule
*A coups d'*kleenex
C'est ma lucky
C'est ma pall mall
Ma camel *qui*
Fait ça pas mal
Quand c'est OK
*On fait l'*remake
Quand c'est loupé
On fait avec
*J'lui fais l'*mohair
Et la syntaxe
Très rock in chair
Je shoot *relaxe*

ET *J'CAUSE FRANÇAIS*
C'EST UN PLAISIR

C'est un' barmaid
Qu'est ma darling
Mais in the bed
C'est du forcing
C'est du pam pam
*A chaqu'coup d'*gong
C'est plus un' femme
C'est un ping-pong
Quand je suis out
*Elle m'*sex appeal
*Et dans l'*black out
Je smash *facile*
Sur son standing
In extremis
J'fais du pressing
Au self service

ET J'CAUSE FRANÇAIS
C'EST UN PLAISIR

C'est mon amour
Mon coqu'licot
Mont p'tit bonjour
Mon p'tit oiseau

AND *JE* SPEAK FRENCH
C'EST UN PLEASURE

QUARTIER LATIN

Ce quartier
Qui résonne
Dans ma tête

Ce passé
Qui me sonne
Et me guette

Ce Boul'miche
Qu'a d'la ligne
En automne

Ces sandwichs
Qui s'alignent
Monotones

Chez Dupont
Ça traînait
La journée

C'était l'pont
Qui durait
Tout' l'année

L'examen
Ça tombait
Comme un' tête

Au matin
Sans chiqué
Ni trompettes

Cett' frangine
Qui vendait
Sa bohême

Et ce spleen
Qui traînait
Dans sa traîne

J'avais rien
Ni regrets
Ni principes

Les putains
Ça m'prenait
Comm' la grippe

Ce vieux prof
Qui parlait
A son aise

Très bien, sauf
Que c'était
Pour les chaises

Aujourd'hui
Un diplôme
Ça s'rupine

Aux amphis
Tu point's comme
A l'usine

Les années
Ça dépasse
Comme une ombre

Le passé
Ça repasse
Et tu sombres

Rue Soufflot
Les vitrines
Font la gueule

Sans un mot
J'me débine
J'ferm' ma gueule

Je r'trouv' plus rien
Tell'ment c'est loin
L'Quartier Latin

PARIS-SPLEEN

La nuit c'est ma copine
Depuis qu'tu l'as salie
Rappell'toi « madamine »
Ce bistrot de Paris
Où j't'ai pris' dans mes bras
Allez savoir pourquoi
Ces chos's là ça s'fait pas
Ça s'dit... n'en parlons pas

On dit qu'la nuit est blanche
Quand on n'y voit qu'du noir
Au Bar Bac y'avait Blanche
Qui me vendait l'bonsoir...

La Sein' c'est mon Pernod
Mes yeux vont s'y soûler
C'est pas qu'on s'fout' à l'eau
Mais c'est bon d'y penser
Quand on est à chercher
Le pourquoi le comment
De ces vies embrassées
Autour d'tant d'boniments

On dit qu'la vie est rose
Quand on la voit comm'ça
Faut bien dir' quelque chose
Sinon on dirait quoi ?

Quand on roul' dans la nuit
Comm'ça au pif-moi-ça
A chercher dans Paris
Des trucs et des javas
Moi je pense à la mer
Qui vient et puis qui va
Et j'me dis que sur Terre
On n'sait pas où l'on va

On dit qu'le ciel est bleu
Gagarine dit pas ça
Il dit qu'la terre est bleue
Allez savoir pourquoi ?

Je pass' mes nuits à l'as
En attendant quoi donc
Que tout passe et tout lasse
Comme dit la chanson
A Paris y'a du spleen
Qui pousse des pavés
Et c'est ça « madamine »
Que je m'tuais à faucher

On dit qu'on broie du noir
Mais peut-êt' qu'on déconne
Et puis mes p'tit's histoires
Ça fait d'tort à personne...

RICHARD

Les gens, il conviendrait de ne les connaître que disponibles
A certaines heures pâles de la nuit
Près d'une machine à sous, avec dès problèmes d'hommes, simplement,
Des problèmes de mélancolie
Alors, on boit un verre, en regardant loin derrière la glace du comptoir
Et l'on se dit qu'il est bien tard...

Richard, ça va ?

Nous avons eu nos nuits comme ça moi et moi
Accoudés à ce bar devant la bière allemande
Quand je nous y revois des fois je me demande
Si les copains de ces temps-là vivaient parfois

Richard, ça va ?

Si les copains cassaient leur âme à tant presser
Le citron de la nuit dans les brumes pernod
Si les filles prenaient le temps de dire un mot
A cette nuit qui les tenait qui les berçait

Richard, ça va ?

A cette nuit comme une sœur de charité
Longue robe traînant sur leurs pas de bravade
Caressant de l'ourlet les pâles camarades
Qui venaient pour causer de rien ou d'amitié
Nous avons eu nos nuits...
Richard, eh ! Richard !

Les gens, il conviendrait de ne les connaître que disponibles
A certaines heures pâles de la nuit
Près d'une machine à sous, avec des problèmes d'hommes, simplement,

Des problèmes de mélancolie
Alors, on boit un verre, en regardant loin derrière la glace du comptoir
Et l'on se dit qu'il est bien tard...

Richard ! encore un p'tit pour la route ?
Richard ! encore un p'tit pour la route ?
Eh ! m'sieur Richard, encore un p'tit pour la route ?
Allons ! Richard... Richard... encore un p'tit !

LES ROMANTIQUES

Ils prenaient la rosée pour du rosé d'Anjou
Et la lune en quartiers pour Cartier des bijoux
Ils mettaient des tapis sous les pattes du vent
Ils accrochaient du crêpe aux voiles du printemps
Ils vendaient le Brésil en prenant leur café
Et mouraient de plaisir pour ouvrir un baiser
Et regarder dedans briller le verbe « aimer »
Et le mettre au présent bien qu'il fût au passé

Ils ont le mal du siècle et l'ont jusqu'à cent ans
Autrefois, de ce mal, ils mouraient à trente ans
Ils ont le cheveu court et vont chez Dorian Guy
S'habiller de British ou d'Italiâneries
Ils mettent leurs chevaux dans le camp des Jaguars
En fauchant leur avoine aux prairies des trottoirs
Avec des bruits de fers qui n'ont plus de sabots
Et des hennissements traduits en « stéréo »

Ils mettaient la Nature aux pieds de leurs chansons
Ils mettent leur voiture au pied de leurs maisons
Ils regardaient la nuit dans un chagrin d'enfant
Ils regardent l'ennui sur un petit écran
Ils recevaient chez eux, dans les soirs de misère
Des gens « vêtus de noir » qu'ils prenaient pour leurs frères
Aujourd'hui c'est pareil mais, fraternellement,
Ils branchent leur destin aux « abonnés absents »

LES POP

Les Pop c'est la musique au printemps des guitares
C'est l'électricité qui gratte et qui se marre
Les Pop c'est la vertu des amplis dans la plaine
Quand poussent des chansons et que ton âme est pleine
Les Pop c'est un chagrin de trois sous dévalués
C'est tout d'suite un peu chouette mêm' quand c'est pas lavé
C'est un parfum de miel c'est du hasch à l'amour
Et c'est l'amour avec un grand A comme Amour

Si t'as les cheveux longs et la cravate en moins
T'es Pop et puis ça va t'es Pop et sois content
Si t'as la jupe en trop et des soucis de chien
T'es Pop et t'es tout' nue t'es Pop et je t'attends

Les Pop c'est des bandits qui holdeupent la musique
C'est des volts envoûtants qui virevoltent et triquent
Comme dans un plumard avec dedans, personne
Quand on jouit des volts on fait chier personne
Les Pop c'est un sourire aux yeux démesurés
C'est tout d'suite un peu fort mais le bruit on s'y fait
Et quand l'oscillateur oscille dans l'ampli
T'en fais pas tu m'étonnes c'est la Pop qui jouit

Si t'as des fleurs partout et des rêves en veux-tu
En voilà et t'es Pop t'es Pop y'a intérêt
Si t'as un' fleur en trop qui cache ta vertu
J'la mettrai dans ma gueule histoire de faire causer

Les Pop c'est des voyous voyants d'électronique
La guitare au-dessus du monde nostalgique
C'est ton cœur en sono et le reste en free jazz
Quand le violon métal se métallise et jase
Les Pop c'est des cheveux de pianos encordés
C'est l'Afrique blanchie sous l'électricité
Et c'est au beau milieu de l'amour entêté
Le rythme qui sanglote à tes reins exaucés

Si t'as l'angoisse au cul et la mélancolie
De la défonce au pieu du jerk dans la raison
Et si tu t'y complais t'es Pop et ça suffit
T'es Pop et c'est bien mieux que d'passer chez les cons

Les Pop c'est des voyeurs qui voient dans les caresses
Et le monde à l'envers qui s'inverse et se dresse
Les Pop c'est dans dix jours c'est demain c'est encore
C'est le nez dans le trou béant du never more
Jamais plus d'interdit jamais plus d'oppression
Rien que des chiens perdus rien que l'insurrection
Au lieu dit de l'amour au lieu dit de la mort
Les Pop c'est comm' les chiens, avec un os ça mord

Si t'as rien qu'un couteau au fond de la mémoire
Et ton cœur à r'filer au dossier de l'histoire
Tu seras Pop mon fils et dans ce monde fou
Tu le partageras en mémoire de nous

LE MANQUE

Ta jupe est trop courte
J'y vois des dessins j'y vois des années
Le trouble qui va te défigurer
Ta jupe est trop courte
Je ne peux plus imaginer

Tu marches trop vite
Je vois des chameaux au fond du désert
Qui crèvent de soif c'est l'été l'hiver
Tu marches trop vite
Je ne peux plus imaginer

Les gens te regardent
Je voudrais les mettre au fond de ta gorge
Et tu les rendrais avec du jasmin
Celui qui te monte et me rend malade
Les gens te regardent
Je ne peux plus imaginer

Il manque quelque chose à cette ville obscène

Ta jupe est trop courte
J'y monterais bien au-dessus de toi
New York ce matin n'avait plus que toi
Ta jupe est trop longue
Et j'imagine des étangs

Tu nages trop vite
Je vois des parfums je sens ta fatigue
Tu marches trop vite
Je crève de toi je crève de moi
Et je ne peux qu'imaginer

Les gens font la queue
A n'importe qui à ton odeur sûre
Ils t'apporteront des mûres pas mûres
Tu marches trop vite
Donne-moi la main tiens-moi sur ta carte
Regarde là-bas la rouge pancarte
Défense de vivre
Les flics nous regardent

Il manque quelque chose à Amsterdam ce soir

Et c'est toi mon amour
Toi qui cours dans mes veines

Je t'ai perdue... et tu me manques... et tu me manques

Je ne peux plus t'imaginer...

LA NUIT

C'est ma frangine en noir
Celle que j'appell' bonsoir
C'est un gars qu'à son bien
Dans le bistrot du coin
La nuit
C'est l'bourgeois qui s'profile
Sous l'œil des fill's de ville
Qui croit qu'c'est arrivé
Et qui paie pour monter
La nuit
C'est cett' dame qui s'en va
Donner sa langue au chat
Et mêle à ses dentelles
La tendresse des gamelles
La nuit
C'est un amour qui meurt
Aussitôt qu'il se fait
C'est mille ans de bonheur
Dans un baiser vit' fait
C'est cett' môme qu'a perdu
La seule fleur qu'elle avait
Et qu'attend dans la rue
Des fois qu'on la r'trouv'rait
La nuit... la nuit...

C'est le soleil du soir
Qui enfil' son peignoir
Dans son arrièr' boutique
Sous des becs électriques
La nuit
C'est l'voleur qui va faire
Des heures supplémentaires
Et qu'est pas tatillon
Sur les allocations
La nuit

C'est cet homme qui s'en va
Sa rolls au bout des bras
Et mêle à ses ficelles
Le trésor des poubelles
La nuit
C'est des ch'vaux qu'on amène
Au derby des côt'lettes
Des moutons qui s'promèn'nt
Du côté d'la villette
C'est un soldat traqué
A sa dernière ronde
Et qui compt' les années
Comme on compt' les secondes
La nuit... la nuit...

C'est un' copine qui vend
C'que d'habitude on prend
Et qui pour cent sous d'plus
Se met sens dessous d'ssus
La nuit
C'est un chouett' courant d'air
Pour les amours pas cher
Un p'tit hôtel furtif
Pour les minitarifs
La nuit
C'est le mec qui transite
Tout sauf de l'eau bénite
Et mêle à ses hoquets
L'parfum du beaujolais
La nuit
C'est cet homm' qui s'promène
La nuit en plein midi
Et sa canne qui l'entraîne
Dans les autos d'Paris
C'est cet homme qu'a pas vu
La pitié qui passait
Et qu'attend dans la rue
Des fois qu'on lui invent'rait
Le jour... le jour...

LA GRÈVE

Tu paieras ta télévision
Avec tes Gauloises manquées
Tu paieras ton lapin-vison
A la Social' Sécurité
T'enverras des fleurs à ta mère
Avec le rest' de tes soucis
Tu mettras de l'eau dans ton verre
Le vin ça fout la maladie

Mais faut jamais, même en rêve
Faut jamais faire la grève...

Tu pass'ras à la fin du mois
Prier Notre-Dam' des p'tits fours
Si par hasard tu n'as plus d'croix
On te fil'ra un' croix d'secours
La prièr' ça monte tout droit
Comm' la fumée des hauts-fourneaux
A moins qu'y'est l'vent qui pass' par là
Alors t'as prié pour la peau

Mais faut jamais, même en rêve
Faut jamais faire la grève...

T'auras du foin chez ton tabac
T'auras d'l'avoin' pour tes 2 Ch'vaux
En disant comm' les auvergnats
C'est Shell que j'aim' pour mon bestiau
Tu prendras ta femm' dans tes bras
Du moins c'qu'en ont laissé les gosses
Que tu lui fais tous les dix mois
Faut bien trent' jours pour fair' la noce

Mais faut jamais, même en rêve
Faut jamais faire la grève...

Quand t'auras l'temps t'iras voter
En montrant tes papiers d'souv'rain
Pour envoyer ton député
Fair' les conn'ries qu'tu ferais bien
Si par hasard on t'fait savoir
Que l'pain l'boulot la liberté
Se sont faits fair' sur le trottoir
Comm' un' gonzess'... t'auras gagné...

Alors, des fois, même en rêve
Tu pourrais p'têt' fair' la grève...

ILS ONT VOTÉ

A leur chanter des tas d'chansons
Dies irae et tout' la clique
Les morts en vein' de migration
Se sont levés avec des triques
Ils sont allés au cinéma
Voir la symphonie Pathétique
On dit qu'ils n'ont pas aimé ça
Les morts n'aiment pas la musique

Ils ont voté... et puis, après ?

A porter ma vie sur mon dos
J'ai déjà mis soixante berges
Sans être un saint ni un salaud
Je ne vaux pas le moindre cierge
Marie maman voilà ton fils
Qu'on crucifie sur des affiches
Un doigt de scotch et un gin, fils
Et tout le reste je m'en fiche

Ils ont voté... et puis, après ?

J'ai la mémoire hémiplégique
Et les souvenirs éborgnés
Quand je me souviens de la trique
Il ne m'en vient que la moitié
Et vous voudriez que je cherche
La moitié d'un cul à botter ?
En ces temps on ne voit pas lerche...
Ils n'ont mêm' plus d'cul, les français !

Ils ont voté... et puis, après ?

C'est un pays qui me débéqu'te
Pas moyen de se faire anglais
Ou suisse ou con ou bien insecte
Partout ils sont confédérés...
Faut les voir à la télé-urne
Ces vespasiens de l'isoloir
Et leur bulletin dans les burnes
Et le mépris dans un placard

Ils ont voté... et puis, après ?

Dans une France socialiste
Je mettrais ces fumiers debout
A fumer le scrutin de liste
Jusqu'au mégot de mon dégoût
Et puis assis sur une chaise
Un ordinateur dans l'gosier
Ils chanteraient la Marseillaise
Avec des cartes perforées

Le jour de gloire est arrivé

SANS FAÇONS

Avec vos façons vos empires
Vous commencez à nous courir
Foutez-vous donc en pékinos
    Lâchez notre os
Les Francs c'est duraille à convaincre
Foutez votre uniform' sul cintre
Et laissez-nous nous démerder
    Lâchez nos dés
Nous le hasard on s'en arrange
On n'aim' pas trop qu'on nous effrange
Quand not' bonheur est habillé
    Laissez quimper
On a l'bon sens économique
Alors faut pas qu'on nous explique
Que l'bœuf gros sel vaut pas l'filet
    Laissez filer
Et pour c'qui est d'la forc' de frappe
On a nos poings et puis on tape
Et ça nous coût' pas un radis
    T'as pas compris ?
Et quand tu t'en iras d'la chique
On te foutra un' chouett' clinique
Avec le Panthéon sous l'cul
    Comm' t'as voulu
Les mains tendues les yeux soumis
Voici le Peuple de Paris
Qui te laisse ses revenus
    C'est pas d'refus
Et dans les rues d'Quatre-vingt-neuf
Où coul' du sang qu'est encor frais
Si t'y' allais pour t'fair' cuire un œuf
    Ça f'rait d' l'effet
Nous ces rues-là ça nous connaît
Vu qu'on machinait les pavés
Quand on faisait valser l'Histoire
    Dans l'Drapeau Noir

Si la Républiq' t'embarrasse
Tu n'as qu'à partir à la chasse
Y'aura toujours des chiens voraces
    Pour prend' ta place
On est sans façons sans empire
C'est p'têt' pour ça qu'on peut mourir
Mais pas avant d'lécher les plats
    Que tu laiss'ras...

LES GARES LES PORTS

Les gares c'est con
Sauf pour la vue
Dans la fumée
Des villes perdues
Et des mouchoirs
Qui tendent leur nez
A des au revoir
Longeant les quais

Les gares c'est con
S N C F
Je préfère les trains
De la N R F
Et les bouquins
Qu'ont pas d'horaire
Qui roulent sous la
Lampe familière

Les gares c'est con
C'est dégueulasse
Ça sent le fourgon
Et le passe à l'as
Et tous ces mecs
Et leurs tickets
Un trou avec
Par-dessus le marché

Les gares c'est con
Sauf dans la nuit
Certaines fois
Y'en a qui crient
On dirait des
Orphelinats
Qui jouent aux dés
Toutes leur smala

Dormir
Dans le chagrin du vent
Dormir
Jusqu'au nouveau printemps
Et dans les champs
Mettre à la voile
Et pour une fleur
Vendre une étoile
Tout simplement
Sans bouger d'un centime
Dans le carrosse de la frime

Les ports c'est con
Les gares aussi
Quant aux Orly
N'en parlons pas
J'aime bien ma taule
Et mes bouquins
Je voyage en douce
Ça me coûte rien

Les ports c'est con
Même quand c'est là
Dans l'encre bleue
D'une carte postale
Et quand je veux avoir le LA
Je me coupe en deux
Et je me cavale

Les ports c'est con
Même autrefois
Quand les thoniers
Tendaient leurs bras
A la mariée
En robe de toile
Avec leur sang
Soleil des voiles

Les ports c'est con
Dans les bistrots
Et le folklore
Des matelots
Et la putain
De la marée
Qui va qui vient
Sans rien donner

Partir
En cocotte en papier
Partir
Dans le sleeping des prés
Et dans tes bras
Faire une escale
Et dans tes yeux
Me faire la malle
Rien que nous deux
Sans boussole et sans voile
Avec toi pour étoile

TU PENSES A QUOI ?

A la langueur du soir dans les trains du tiers monde ?
A la maladie louche ? Aux parfums de secours ?
A cette femme informe et qui pourtant s'inonde ?
Aux chagrins de la mer planqués au fond des cours ?
A l'avion malheureux qui cherche un champ de blé ?
A ce monde accroupi les yeux dans les étoiles ?
A ce mètre inventé pour mesurer les plaies ?
A ta joie démarrée quand je mets à la voile ?
A cette rouge gorge accrochée à ton flanc ?
Aux pierres de la mer lisses comme des cygnes ?
Au coquillage heureux et sa perle dedans
Qui n'attend que tes yeux pour leur faire des signes ?

Aux seins exténués de la chienne maman ?
Aux hommes muselés qui tirent sur la laisse ?
Aux biches dans les bois ? Au lièvre dans le vent ?
A l'aigle bienheureux ? A l'azur qu'il caresse ?
A l'imagination qui part demain matin ?
A la fille égrenant son rosaire à pilules ?
A ses mains mappemonde où tremble son destin ?
A l'horizon barré où ses rêves s'annulent ?
A ma voix sur le fil quand je cherche ta voix ?
A toi qui t'enfuyais quand j'allais te connaître ?
A tout ce que je sais et à ce que tu crois ?
A ce que je connais de toi sans te connaître ?

A ce temps relatif qui blanchit mes cheveux ?
A ces larmes perdues qui s'inventent des rides ?
A ces arbres datés où traînent des aveux ?
A ton ventre rempli et à l'horreur du vide ?
A la brume baissant son compteur sur ta vie ?
A la mort qui sommeille au bord de l'autoroute ?
A tes chagrins d'enfant dans les yeux des petits ?
A ton cœur mesuré qui bat coûte que coûte ?
A ta tête de mort qui pousse sous ta peau ?

A tes dents déjà mortes et qui rient dans la tombe ?
A cette absurdité de vivre pour la peau ?
A la peur qui te tient debout lorsque tout tombe ?

Tu penses à quoi ? dis, tu penses à qui ?

A moi ? des fois ?...

Je t'aime

TU NE DIS JAMAIS RIEN

Je vois le monde un peu comme on voit l'incroyable
L'incroyable c'est ça c'est ce qu'on ne voit pas
Des fleurs dans des crayons Debussy sur le sable
A Saint-Aubin-Sur-Mer que je ne connais pas
Les filles dans du fer au fond de l'habitude
Et des mineurs creusant dans leur ventre tout chaud
Des soutiens-gorge aux chats des patrons dans le Sud
A marner pour les ouvriers de chez Renault
Moi je vis donc ailleurs dans la dimension quatre
Avec la Bande dessinée chez mc 2
Je suis Demain je suis le chêne et je suis l'âtre
Viens chez moi mon amour viens chez moi y'a du feu
Je vole pour la peau sur l'aire des misères
Je suis un vieux Boeing de l'An quatre-vingt-neuf
Je pars la fleur aux dents pour la dernière guerre
Ma machine à écrire a un complet tout neuf
Je vois la stéréo dans l'œil d'une petite
Des pianos sur des ventres de fille à Paris
Un chimpanzé glacé qui chante ma musique
Avec moi doucement et toi tu n'as rien dit

Tu ne dis jamais rien tu ne dis jamais rien
Tu pleures quelquefois comme pleurent les bêtes
Sans savoir le pourquoi et qui ne disent rien
Comme toi, l'œil ailleurs, à me faire la fête

Dans ton ventre désert je vois des multitudes
Je suis Demain C'est Toi mon demain de ma vie
Je vois des fiancés perdus qui se dénudent
Au velours de ta voix qui passe sur la nuit
Je vois des odeurs tièdes sur des pavés de songe
A Paris quand je suis allongé dans son lit
A voir passer sur moi des filles et des éponges
Qui sanglotent du suc de l'âge de folie
Moi je vis donc ailleurs dans la dimension ixe
Avec la Bande dessinée chez un ami

Je suis Jamais je suis Toujours et je suis l'Ixe
De la formule de l'amour et de l'ennui
Je vois des tramways bleus sur des rails d'enfants tristes
Des paravents chinois devant le vent du nord
Des objets sans objet des fenêtres d'artistes
D'où sortent le soleil le génie et la mort
Attends, je vois tout près une étoile orpheline
Qui vient dans ta maison pour te parler de moi
Je la connais depuis longtemps c'est ma voisine
Mais sa lumière est illusoire comme moi

Et tu ne me dis rien tu ne dis jamais rien
Mais tu luis dans mon cœur comme luit cette étoile
Avec ses feux perdus dans des lointains chemins
Tu ne dis jamais rien comme font les étoiles

L'amour n'a pas d'âge
Et la mer étale
Là-bas sur la plage
Non plus n'a pas d'âge

Les mots sont les mots
Toujours mal criés
Pourtant il faut bien
Se servir des mots
Qu'on nous a laissés
Ecrits sur la vie
Criés dans les cris
Des amants lassés

LE MAUVE DE TES YEUX

Ah le mauve de tes yeux l'autre soir à Venezia dans le charme
De ces murs engloutis
Le parfum en allé de ce restaurant blême où tu me bus cul sec
Si l'on peut dire... Et la joie retrouvée dans la rue ma copine
Ces gosses s'en allaient clopinant des allures
De chef et de Passion surprise à la boutique de tes désirs perdus
De mes envies de carne en la pénombre à peine se frayant
Un chemin de paresse et de Mort
O vieille putain sale et tendre comme la brume quand je vais arriver
O l'Idéale O la Conquise un peu sous de la chair minable
Un coup de vibraphone et je m'en vais demain
Un coup de tes reins doubles aux doublures qui passent
Dans la rue ces passants qui n'ont pas vu que suinte un peu
De tes lèvres trop basses de ces baisers bien trop imaginés
Devant la terreur de ce néant de merde et s'inventant des songes

Marins marins partis là-bas aux portes de secours
Chantant gueulant des chants comme des sources
Il y a dans ce pré de la mer des brebis bleues et chaudes
Ohé de l'entre-bise accordez vos sextants
Je voyais la Misère écartant les rideaux
Et dégueulant son Capital de rizotto à la Fédérale
C'était un phalanstère et je parlais chinois
Un chat passa réglant l'ordinateur sur midi
La rousse d'à côté avait des pâleurs tendres
A vous brancher mourant au jardin des supplices
Dans le rouge irisé de son as je m'explique
Et je pique du trèfle en léchant le carreau
Surpris voilé déjà de ta buée caprine
Moi le bouc constellé qui va et vient dans ta coursive

Je parle aux apprentis
Aux hanches de pain mouillé
Aux sextants de vos sexes à rechercher la Voie Polaire
Dans ce chaud de la ville à peine dégrafée

Sous des néons passant le cap de ta vue basse
Je parle aux anti-loi
A ceux qui dans l'anti font la jurisprudence
La cravate accrochée au poitrail
En leur disant que dans la négation il y a le faste
La raison d'espérer des parallèles jointes
L'énergie de leur cul au fronton des diamants
Inversement proportionnelle au mauve de tes yeux

SI TU VEUX TU ES NEUVE

Si tu veux tu es neuve Si tu veux tu es la seule neuve au monde
Et il y en a des tonnes tous les jours qui déversent leur joie dans les forêts-mystère
Dans les forêts-nylon de vos vergues signées
Je te signe et me signe Je te vois Je te prie
Je te donne cette violette ancienne et de deux heures
Qui va mourir peut-être et qui va s'extasier dans le creux de ta main
A la Joie ce matin tu avais un pardon de ceux qui ne t'ont pas juste un peu de velours dans ta crème
Et puis du brun de l'ocre de nos nuits
Dans les draps que l'Amour referme sur la Nuit
Tous les amants du monde ont l'œil d'extra-saison
Viens viens viens mon objet de misère
Ouvre-toi byzantine et sucre tes Amants

JE VOYAIS LES AMANTS

Ceux des golfes et des bras venus d'on ne sait où
Ceux des Comètes-super marché
Là où l'on vend la paresse et la Mort aussi
Quand on s'y laisse et la tristesse
Deux sous pour ta tristesse que je vois comment c'est
Donne-moi ta tristesse et je la parerai
Et je la sauverai
Je la mettrai bien de côté pour les jours de gloire et d'aventure
Quand tu me diras Viens
Quand je t'emmâterai
O ma frégate des Ponts tristes à Paris avant guerre
Et après et Demain
Demain Paris prendra la gueule des amants
On s'aimera profondément dans ses eaux glauques

Et des noyés Ces noyés Dis-donc Prends-les dans la gorge d'en bas
Pour mieux sentir pour mieux te prendre l'évidence dans les bas-fonds

Dans les draps que l'Amour referme sur la Nuit
Tous les Amants du monde ont des hautbois-métal
Qui leur joue les cadences du jazz sous la peau
Un jazz qui s'en revient du bout de notre vie
Celle où la mort s'étale en un jet de prière
Sous la lampe solaire à cheveux de fanal
Aux manchons dans le cul comme une révérence
Parfums d'oubli un soir dans un siècle d'odeurs
Odeur Odeur Odeur glissant sur les rivières
O Pollution d'or pur inventé au désert
Dans les après-midi-mini aux lunes rédemptrices
Donne-moi tes jardins que j'y plisse
Que j'y dorme et m'y dore au fond de ta matrice
Ouvre-moi ta guirlande et enveloppe-m'en

Alors tu seras neuve, alors tu seras la seule neuve au monde

C'EST FANTASTIQUE, NON ?

Je suis l'ordinateur de ton ordre profond
Je suis le transistor de tes transits funèbres
Quand je passe on dirait que tu viens des ténèbres
Et que de mon soleil tu tires ta raison
Quand tu chantes c'est moi qui fabrique ton chant
Quand tu pleures c'est moi qui analyse tes larmes
Quand tu marches c'est moi qui craque sous ton charme
Quand tu ris c'est par moi que le rire te prend

C'est fantastique, non ? C'est fantastique

Je suis le jardinier de tes « verts paradis »
Je suis le grammairien de tes mots de tendresse
Quand tu dis que tu m'aimes on dirait que tu laisses
Au cul de ma comète les cheveux de ta nuit
Je suis l'équation triste au bras d'une inconnue
Quand tu me mens c'est moi qui mens dans ton sillage
Quand tu meurs c'est par moi que tu tournes la page
Et puis que tu renais comme un sphinx dans ma rue

C'est fantastique, non ? C'est fantastique

Je suis l'orgue qui joue quand tu vas t'éclater
Le marchand de ton sable où la mer te recouvre
Quand ta porte se ferme tu cries que je la rouvre
Et la mer nous reprend au bout de la marée
Quand tu te noies c'est moi qui deviens le noyé
Quand tu coules par moi je deviens capitaine
Et quand je coule en toi tu hisses la misaine
De ce voilier perdu chaque fois retrouvé

C'est fantastique, non ? C'est fantastique

Je suis la fin de tout dans ton commencement
La source de ta joie le terme de tes peines

Le fleuve qui te draine au-delà de toi-même
La noirceur de ton lys la pâleur de ton sang
Les ailes de l'archange au milieu des pavés
La rue qui se lamente au pied de nos victoires
Le sentiment barré au milieu de la gloire
Et ce bon sens commun qu'on ne sait plus nommer

C'est dérisoire, non ? C'est dérisoire

Je suis l'ordinateur de ton ordre profond
Je suis le jardinier de tes « verts paradis »
Je suis l'orgue qui joue quand tu vas t'éclater
Je suis la fin de tout dans ton commencement
Les ailes de l'archange au milieu des pavés
La rue qui se lamente au pied de nos victoires
Le sentiment barré au milieu de la gloire
Et ce bon sens commun qu'on ne sait plus nommer
C'EST FANTASTIQUE, VA... C'EST FANTASTIQUE !

DES MOTS

Je ne suis qu'un amas de chair
Un galaxique qui détale
Dans les hôtels du monte-en-l'air
Quand ma psycho se fait la malle
Ta robe prise sur le vif
Dans la collection des comètes
Traînera dans mon objectif
Quand les termites seront « JET »
Je vais tout à l'heure fauchant
Des moutons d'iceberg solaire
Avec le quartz entre leurs dents
A brouter des idées-lumière
Et des chevaux les appelant
De leur pampa et des coursives
Que j'invente à leurs naseaux blancs
Comme le sperme de la rive

Des mots
Qui t'envahiraient comme la lumière
Des mots
Qui montent de la terre
Comme des oiseaux tristes
Sous un avion fidèle
Des mots...

Arrive marin d'outre temps !
Arrive marine d'extase !
Quand je m'arrête tu me prends
Comme je te prends dans ta case
Négresse bleue *blues* d'horizon
Et les poissons que tu dégorges
Depuis ton ventre et tes façons
Quand ton sexo joue dans ta gorge
Dans cette plaie comme d'un trou
Grouillant de cris comme la vague

Quand les goélands sont jaloux
De l'architecte où s'extravaguent
Des maçons aux dents de velours
Et le ciment de leur salive
A te cimenter pour l'amour
Ton cul calculant la dérive

Des mots
Qui t'envahiraient comme mon absence
Des mots
Qui montent du silence
Comme des violons tristes
Sous une main fidèle
Des mots...

Mes souvenirs s'en vont par deux
Moi le terrien du Pacifique
Je suis métis de mes aveux
Je suis le silence en musique
Le parfum des mondes perdus
Le sourire de la comète
Sous l'empire de ta vertu
Quand mes soldats te font la fête
Muselle-moi si tu le peux
Toi dans ton ixe où le vacarme
Sonne le glas dans le milieu
Moi planté là avec mon arme
Tu es de tous les continents
Tu m'arrives comme la route
Où s'exténuent dix mille amants
Quand la pluie à ton cul s'égoutte

Des mots
Qui t'envahiraient comme la folie
Des mots
Qui montent de la vie
Comme la raison triste
Dans ta tête fidèle
Des mots...

O la mer de mes cent mille ans
Je m'en souviens j'avais dix piges
Et tu bandes ton arc pendant
Que ma liqueur d'alors se fige
Tu es ma glace et moi ton feu
Parmi les algues tu promènes
Cette déraison où je peux

M'embrumer les bronches à ta traîne
Et qu'ai-je donc à lyriser
Cette mixtion qui me lamente ?
Dans ton lit j'allais te braquer
Ta culotte sentait la menthe
Et je remontais jusqu'au bord
De ton goémon en soupente
Et mes yeux te prenaient alors
Ce blanc d'écume de l'attente

Des mots
Qui t'envahiraient comme la détresse
Des mots
Qui montent de l'ivresse
Comme les choses tristes
Sous le destin fidèle
Des mots...

Emme c2 Emme c2
Aime-moi donc ta parallèle
Avec la mienne si tu veux
S'entrianglera sous mes ailes
Humant un peu par le dessous
Je deviendrai ton olfacmouette
Mon bec plongeant dans ton égout
Quand Dieu se vide de ta tête
Les vagues les vagues jamais
Ne viendront repeupler le sable
Où je me traîne désormais
Attendant la marée du diable
Ce copain qui nous tient la main
Devant la mer crépusculaire
Depuis que mon cœur dans le tien
Mêle ton astre à ma lumière

Des mots
Qui t'envahiraient comme la lumière
Des mots
Qui montent de la terre
Comme des oiseaux tristes
Sous un avion fidèle

Je t'aime ?
Tu m'aimes ?
On s'aime ?

Des mots...

Je t'huilerai ma mie au fond d'un long couloir
Tu te mettras debout au long de moi cherchant
Ton perchoir où nicher le temps d'un à-valoir
Et puis tu partiras dans la foule un moment

Tu leur raconteras tes bribes tes instants
Mes instances aussi sous l'œil des becs luisants
Au bout de la fortune en linon comme avant
Quand tes bras me tiraient comme on tire un chaland

FLEUVE D'OR

La Seine s'ennuyait en ce début d'automne
Ses longs bateaux tragiques avaient de grands soucis
Sous le Pont Mirabeau des clochards monotones
Regardaient les amants se mêler à Paris

La Seine cependant comme une grande Dame
Frémissait de dentelle au triste vent du nord
Des péniches aux pieds et draguant Notre-Dame
Elle charriait la sorgue avec des tonnes d'or

La Tamise et l'Hudson en cette nuit d'automne
Le Tage et la Volga ayant défait leur lit
S'en vinrent saluer la Seine monotone
Qui traînait tout l'ennui du monde dans Paris

Buvez mes chers amis à gorges déployées
C'est le peuple à Paris qui vous paiera le coup
L'or du monde est au fond pour des millions d'années
Allez, scaphandriers, tâchez d'en mettre un coup !

Moi je pense aux noyés que je n'aurai jamais...

LE LIT

Cette antichambre du tombeau
Où froissent comme des drapeaux
Les draps glacés par la tempête
Ce tabernacle du plaisir
Avec la porte du désir
Battant sur l'ennui de la fête
Cette horizontale façon
De mettre le cœur à raison
Et le reste dans l'habitude
Et cette pâleur qu'on lui doit
Dès que l'on emmêle nos doigts
Pour la dernière solitude

Le lit
Fait de toile ou de plume
Le lit
Quand le rêve s'allume

Cette maison du rêve clos
Dans le grabat dans le berceau
Au point du jour ou de Venise
Cette fraternité de nuit
Qui peut assembler dans un lit
L'intelligence et la bêtise
Qu'il soit de paille ou bien de soie
Pour le soldat ou pour le roi
Pour la putain ou la misère
Qu'il soit carré qu'il soit défait
Qu'importe lorsque l'on y fait
Autre chose que la prière

Le lit
Enfer pavé de roses
Le lit
Quand la mort se repose

Qu'il soit de marbre ou de sapin
Quant au lit qui sera le mien
Dans le néant ou la lumière
Je veux qu'on ne le fasse point
Et qu'on y laisse un petit coin
Pour un ami que j'ai sur terre
Cet ami que je laisserai
Quand il me faudra dételer
Pour l'aventure ou la poussière
Ce frère de mes longues nuits
Et que l'on appelle l'ennui
Au fond du lit des solitaires

Le lit
Quand s'endort le mystère
Sans bruit
Dans la vie passagère

BASTA

Quand j'emprunte des paradoxes, je les rends avec intérêts.
J'enrichis mes prêteurs qui deviennent alors plus intelligents.
Le taux usuraire de l'astuce n'est jamais assez élevé.
Je ne sais pas d'où je viens mais je sais que je suis là, à reverdir, dans cette campagne toscane.
Les rossignols teints au Gargyl chantaient des aubades pharmaceutiques.
J'ai les cheveux trop longs... comme des voiles de thonier, mes beaux cheveux qu'on m'a toujours taillés, mes beaux cheveux longs dans ma tête. Dans la rue, on se retourne...
Moi, je leur tire la langue !

O belles pattes des fourrures
Chapeau du vent de ces madames
Inquiétude de la parure
Toiles de soie vers vous je rame

Je sais des paradis tranquilles où les anges n'ont pas de vin à boire mais des orages de raison.
Des violettes de reverdie.
Je sais des paradis tragiques où les fauteuils d'orchestre n'ont pas de mémoire
Où les roses ne fleurissent que par osmose, et encore...
Où les passions sont d'un autre ordre et les mirages d'une autre qualité et de la nuit pourtant venus...
Je sais des paradis-bordels où l'on me fait signe
Où l'on se signe
Où l'on me désigne pour la bonté des mains tendues et des bouches capitales
Comme au petit matin... Tchac !
Je sais des paradis naturels où le mauve tient lieu de drogue
Où l'on peut passer du mauve à la frontière
Je sais des paradis câlins avec la barbe de deux jours et des saints
Sans foi ni loi

Sans feu ni eau
Avec simplement une ceinture d'émigrant

J'émigrerai quelque jour vers vos pays cachés
Et ne reviendrai plus

Regardez-moi
Passants de rien, poules de luxe, fleurs incroyables
Regardez-moi
Je suis un migratoire, un migratoire
Je suis un vieux corbeau qui court après une charogne comme un chien de course après le leurre
Je suis un vieux corbeau de la plaine où je vais m'englânant des trucs dégueulasses, de vieilles graines d'homme qu'on a trop employées
Je suis un vieux corbeau qui court après une corbeaute
Je croasse comme on peut croasser quand on est un vieil oiseau de cinquante-sept piges

Je tiens que le désespoir des ordures est une incompétence biologique à pouvoir en sortir un jour ou l'autre, coûte que coûte
Quand la merde déborde, c'est encore de la merde
A ce moment-là, je connaissais une chanteuse... Vous la reconnaîtriez aussi, c'est facile. Une chanteuse qui a le derrière sur la figure, ça vaut la carte d'identité, non ?
Et puis, Madame Lechose, taulière blonde, un peu grasse, un peu... Taulière à *L'Escalier de Moïse*, où il y avait de tout, du Fernand, du Ferré qui chantait au piano, avec son chien et ses grimaces, et son petit cachet...
— Dis-donc, Léo, ça ne te gêne pas de gagner de l'argent avec tes idées ?
— Non. Ça ne me gênait pas non plus de n'en pas gagner avec mes idées, toujours les mêmes. Il y a quelques temps.
Vois-tu, la différence qu'il y a entre moi et Monsieur Ford ou Monsieur Fiat, c'est que Ford ou Fiat envoient des ouvriers dans des usines et qu'ils font de l'argent avec eux.
Moi, j'envoie mes idées dans la rue et je fais de l'argent avec elles. Ça te gêne ? Moi, non ! Et voilà !

Madame Lechose, un peu blonde, un peu... Je la regardais, des fois, en chantant, juste en face de moi, qui n'en perdait pas une, de ses fiches, et le whisky tant, et le gin-fizz tant, et le citron pressé tant... Et mon citron pressé ?
La Mère Lechose, un peu blonde, un peu grasse, toujours à l'heure, comme les vrais artistes, ceux qui travaillent, et comme ceux qui font travailler les artistes. Je faisais la salle.

Jamais les clients. Arkel, mon chien, venait me chercher après le Flamenco de Paris. C'est tout ce que j'ai eu de vraiment espagnol à ce moment-là. Ce devait être un chien exilé.
Je rentrais chaque nuit dans le désert Paris, dans cette brume des garages où reste un peu, le soir, après que les voitures soient passées, de cette odeur des temps modernes qui vous remonte du fond de votre carter, portant le deuil des foins brûlés. Je rentrais chaque nuit dans le désert Paris.
Les putains ne m'accrochaient jamais. Elles savaient que j'étais un homme public, Elles, les filles publiques...
— Alors, comme ça, on se prostitue, Ferré !
Je rentrais chaque nuit dans cette maison douce où gouttait l'eau du robinet, dans cette cuisine un peu salle de bains, avec sa cuvette...

Je vivais à ce moment-là avec une femme. Assez longtemps, avec des problèmes de mouise, d'attentes au bout d'un téléphone qui ne sonnait jamais. Le téléphone, quand il sonne trop souvent, on s'arrange pour faire répondre qu'on est là ou qu'on n'y est pas. Les importuns ne croient jamais ainsi qu'ils vous importunent et vous êtes tranquille. On ne peut pas être plus sociabilisé, pas vrai ? Et puis, les commissions, le dentiste, les droits d'auteur minces, minces... Quand on travaille comme on veut, on touche comme on peut.
J'allais chercher les sous moi-même, toujours moins de cent mille balles. Pas de chèque, et vite un restaurant dans un bon quartier. Et puis et puis, les souvenirs s'entassent. Le mariage vous mine petit à petit. On est fidèle parce que c'est l'usage et les années s'entassent aussi. Les souvenirs, d'ailleurs, c'est du présent discutable. On est hier, toujours. Moi, je vivais demain et ça fabriquait les malentendus. Un artiste vit toujours demain, sinon il est fait pour l'usine. A l'usine, le présent, c'est un cadeau quotidien, incessant. On peut te congédier, alors tu prends des dispositions particulières pour ne gueuler qu'en connaissance de cause et dans le silence revenu des retours à la maison. A la table de travail, devant la page blanche, l'artiste n'est pas là. Il vit là-bas, loin de tout, du téléphone, de sa compagne, de ses problèmes.
La solitude est une affaire d'ordinateur. Moi, je me perfore loin des imbéciles et du propos courant. On me hait.
Je m'en fous. Je suis un autre mec. Voilà.

Ni dieu, ni maître, ni femme, ni rien, ni moi, ni eux et
Basta !

Il y a l'amour... peut-être. C'est une solution, une solution à un problème qui reste un problème. Alors... Rien.

Une solution... Un problème... Par quoi commencer ?
On donne et on te prend. Celui qui prend a l'impression qu'il donne... Arrange-toi avec ça, si tu peux. Il y a derrière les yeux des gens, une cité privée où n'entre personne. Une cité avec tout le confort d'imagination possible. Les gens que tu vois chez toi, sont d'abord chez eux. Ils ne te voient pas. Ils se singularisent dans l'immédiate et toujours constante défense de soi. Ils ont peur. Ils sont terribles, les gens. Ceux que tu appelles tes amis, ce sont d'abord des gens remplis du moi qui les tient en laisse. L'homme est un « self made dog »...
Mais il parle au centre du monde, et le monde, c'est lui.
Il transpire, il a une queue mais ne sourit pas avec, comme le chien. C'est tout et c'est trop. L'amitié, c'est comme le ciment armé : on ne sait pas comment ça vieillit. J'aime les vieilles pierres. Elles ne transpirent pas.

Ni dieu, ni maître, ni femme, ni amis, ni rien, ni moi, ni eux
et Basta !

« L'Ecluse »... fin 49... Drôles de mariniers, sur ces quais néon'cifs ! J'étais le pianiste et le chanteur. Cette « écluse » où la galère échoua, un soir, entre Barbarie et une Inconnue de Londres, et deux romances à goémons, une guitare et un gitan, égarés là... Allez donc savoir...
Et ce taulier, qui me lucarnait derrière son zoom, un zoom qu'il vous plantait là, sur le front, jamais en face, jamais dans votre zoom à vous, toujours un peu au-dessus, comme s'il regardait l'ineffable. C'est pas mal, un particulier qui sue du goulot, qui transpire de l'en dedans. Rien ne sort jamais. Un lavatory, quoi ! Qui garde tout, transmet, qui assume sa condition de réceptacle. L'âme de certains individus m'empêchera toujours de croire tout à fait en Dieu.
J'ai oublié son nom. Il y a une chance pour les mauvais souvenirs.
— Eh ! Ferré ! Bonjour, tu te rappelles ? C'est moi... l'ordure...
— Qui ça ? Ordure ? Tiens, il y en a encore dans le siècle ?

Je vous demande excuse, Monsieur. Je ne connais, quant à moi, que des anges...

Ni dieu, ni maître, ni anges, ni rien et Basta !

Il faudra que je change de support. Ecrire sur des champs de luzerne, sur des biffetons « Banque de France », des faux, sur le ventre de certaines Girls in Magazines. En tournant la page, on

pourra voir, juste en dessous. Les girls, ça se regarde où ça s'invente. En dessous de trente ans, c'est plus lisse, et c'est, des fois, encore un peu môme. Après, ça se froisse, et on les jette.
Il faudra que je change de support. Le papier, y'en a marre !
De ce papier-xylo qui fait grincer, gémir les arbres que je porte en moi. Quand on scie un arbre, j'ai mal à la jambe et à la littérature. Quelle horreur, la parlotte ! Ecrire partout, à l'envers de toi, sur mon cœur, sur ma loi, dans mon froc, lorsque tu me regardes précisément et que je te dis que je suis dingue de toi, pour te faire couler ton printemps court...
Cours, cours, petite, n'oublie pas.
Sur mon cahier quadrillé c'est la misère. J'essaie de mettre au carreau mes ailes, mon djob. Rien à glander, to day, au club des métaphores. Il faut que ma plume feutrée, ma petite japonaise glissante et noire soit serve d'une certaine rigueur de gueulante.
Le drapeau noir, c'est encore un drapeau.
Il faudrait que je leur lance un Manifeste de la Méthode.
Quelque chose de concret, du style genre polyester qui aurait l'air de ne pas moisir dans les gothiques et qui psalmodierait tranquillement des lamentations tocs devant le Mur des Fédérés...
Sur la fenêtre, je pourrais mettre un vieux chiffon rouge, histoire de bien signifier mes origines. Des tambours, aussi, et des crécelles à couvrir de leurs criasseries les millions de chevaux Paris, Milan, New York and so and so on.
Au large, hommes tergaliens, boys d'alpaga, filles jeanisées au maxi, avec vos clous dessinant les orages du Guevara.
Le Che crevé, crucifié, pourri déjà, même sur vos images.
Dépoitraillez-vous, Hommes, s'il en reste, et venez vous chauffer au bain-marie de ma métaphore, celle qui appelle chat une amphore et gouttière un vieux thème serbo-croate.
Au large ! Monoclœz-vous l'œil de rechange et changez de basse-cour.
Fuyez vers les tramontanes d'Eros, puisez dans les accordéons des rythmiques plus sûres, vers les caniveaux. Plongez-y en lune à becs frisants... Vous y verrez peut-être une gorgée de solitude...
Quand je me regardais, en ces temps, au ras du trotte madame, la neuille, des fois, une image reflétée me donnait la solution du style.
Ma méthode est simple : Mettez-vous à coucou, Place de la Bastille et prenez-vous pour un serpentaire. Vous verrez alors qu'il n'y a plus de métaphore possible quand on se dénature, quand on se désanalyse, quand on s'antidate et qu'on s'insectise, quand, mouche devenue, pour prendre le quart dans un hôtel fameux où la passe est sanguine ou à Bidon's City, vous pourrez sentir s'exhaler la queen, et la vrombir, et la gémir, et la voir

même prendre son pied à certaines désinences. Alors, vous aurez accompli la mutation que j'attends de vous, Mouches vertes des prairies du double... Je vous ai créées.

Je dirigeais alors des fantômes bon marché, dès que j'achetais dans des économats spécialisés en bizarreries, en relativisme du tout venant. J'avais une carte qu'on me tamponnait à chaque coup. L'employé me disait :
— Alors, ça biche, Ferré ? Vous en prenez pour votre pognon ?

Un réverbère propre à décrypter les étymologies les plus perverses
Un chandelier en robe du soir
Un réveille-la-Mort des fois qu'on oublierait de s'actualiser
Un canevas dernier modèle pour tricoter de l'affection technicolor
Des ciseaux pour tailler dans le vif du sujet même si le sujet ne colle pas à la syntaxe
Des hôtels barbelés au travers desquels je pisserais quand même
Des mômes à comètes et à cendriers portables histoire d'être confortable au risque de payer de leur vie
Des vies punies de vide et de tambours voilés frappant tout doux ta résurrection journalière

Quand je dors je suis mort sans bière uniquement avec du Coca sur la table de chevet
Je lis des sons particuliers quand Ludwig sanglote doucement les bras tendus vers la Neuvième

Les épices m'ont toujours brûlé le charme
J'ai du slave qui se balade quelque part entre peau et jactance
La mer, chez moi, dans la rue, cela m'était facile
Je l'appelais, elle arrivait : le flot, bouillonnant, au ras de chaussée

L'eau cette glace non posée
Cet immeuble cette mouvance
Cette procédure mouillée
Me fait comme un rat sa cadence
Me dit de rester dans le clan
A mâchonner les reverdures
Sous les neiges de ce printemps
A faire au froid bonne mesure
Et que ferais-je nom de Dieu
Sinon des pull-overs de peine
Sinon de l'abstrait à mes yeux

Comme lorsque je rentre en scène
Sous les casseroles de toc
Sous les perroquets sous les caches
Avec du mauve plein le froc
Et la vie louche sous les taches...

La mémoire et la mer...

Ton corps est comme un vase clos
J'y pressens parfois une jarre
Comme engloutie au fond des eaux
Et qui attend des nageurs rares
Tes bijoux ton blé ton vouloir
Le plan de tes folles prairies
Mes chevaux qui viennent te voir
Au fond des mers quand tu les pries
Mon organe qui fait ta voix
Mon pardessus sur ta bronchite
Mon alphabet pour que tu croies
Que je suis là quand tu me quittes...

La mémoire et la mer...

Cette mer cavaleuse, propre, cynique... Ce toit tranquille, comme disait l'autre... Ce drame mouvant comme un outrage de la nature, quand j'y plonge, de mémoire, je m'y perds, et moi, et mon courage, et ma passion, et ma musique. Le vent filou des bises des frilures

Et mon courage, et ma passion, et ma musique. Le vent, y aidant, n'a qu'à bien se tenir. Il se prosterne, ce vent filou des bises des frilures...
68... 68... 68...
Noblesse du calendrier.

Je ne vais tout de même pas te raconter comment et pourquoi j'écris des chansons, non ? C'est comme ça ! Ma main sur le clavier de mon piano est reliée à un fil et ça marche. Je suis « dicté ». J'ai un magnétophone dans le désespoir qui me ronge et qui tourne et qui tourne et qui n'arrête pas. Alors je copie cette voix qui m'arrive de là-bas, je ne sais, qui m'arrive, en tout cas, et je la reconnais chaque fois. Ça fait comme un déclic et ça se déclenche. Je suis le porte-parole d'un monde perdu, présent pour moi, d'un monde auquel vous n'avez pas entrée parce que si tu y entres, dans ce monde, tu perds pied et deviens inédit. Ton foie, tes poumons, ton sexe, tout ça est à toi.

Ta tête, non. Si tu es fou, alors viens dans mes bras. Je t'aime.

68 68 68 68 68

Il y a des chiffres qui me font mal à mon dicteur. 68... Il s'en fout mon dicteur, il le connaît ce chiffre. Il l'a fait, comme on fait une partie de cartes. Les cartes, aujourd'hui, sont mêlées. Il n'y a plus rien qu'une certaine forme de dictature sentimentale qui vous arrange et qui vous endort pendant que les Autres veillent.
Vous êtes vraiment des cons et des malheureux. Ou bien alors, crève, paysan, crève et passe de l'autre côté de la rue, avec tes dieux, avec tes maîtres, avec tes pantoufles et tes clopes...

68 68 68 68 Madame la Misère... Misère c'était le nom de ma chienne qui n'avait que trois pattes... Ton style, c'est ton cul, et oui... quand il a du style ! Ça ne dure pas longtemps. Un cul, ça se cache un jour ou l'autre. Plutôt un jour que l'autre.
Quelle connerie !

Ni dieu, ni maître, ni toi, ni eux, ni cul, ni rien et Basta !

68 / 73 NON STOP

Je suis d'un autre monde et tu le savais bien
O toi qui tant et tant me regardais et m'écoutais
Tu m'apportes le fait d'un instant de malheur
Je drisse tout à coup avec ma peine en l'air
Vas-y petit les oiseaux s'en vont de côté cet hiver

68 / 73 NON STOP

La vie d'artiste... C'est dur de ne pas être, hein ?
Il y avait vraiment de quoi
Ça a commencé pour rien, en trombe, Rue des Ecoles et à la Maub' Understand ?
Les drapeaux noirs et les aminches et l'Eté 68 et puis les anarchistes
Où ça ?
Les purées de Nanterre et la purée des anges
Tu l'envoies, ta purée ?
Je signe dès ce jour avec mon double crème
Je vivais dans l'ardeur de notre connerie
La très haute la très grande
Et je suis seul ce soir devant le ciel brouillé
NON STOP avec des bulles dans ma tête

C'est difficile à raconter ce genre de bulles, même pas au neuro...
Vous n'avez rien compris ni toi ni lui ni eux
Ni rien
Understand ?
Quand je pense que je pensais à vous comme à une épure de chantoung
Cette soie je la pressens toujours comme un destin pavé
Vous étiez de cette intelligence sûre
Et qui se connaît bien
Et qui drague la nuit les grands auteurs
Pour être sûre d'être orthodoxe
Les mains... Ah ! les mains...
Ça me fait peur ces mains tendues et renfrognées et biaiseuses
Vous aviez les mains gercées de rancœur
De cette rancœur qu'on promène tranquillement
Sans rien devoir à personne
Avec ces fautes de parler et de syntaxe qui me sont devenues insupportables
Et puis cette culture qui débordait de vos calepins
Oublie-donc Camarade oublie les soirs épais comme l'encre de Chine
Oublie les yeux drivés par le regard là-bas
Drive-toi pénardement dans les horribles banlieues où tout est bien
Où l'avenir est aux pointés pointeurs
Arrache-toi doucement à la musique d'acier de ce Paris
Qui vous manque dès que vous le déjugez
Vous n'êtes que des parisiens
Des parisiens

68 / 73 NON STOP

Le grand drame des solitaires c'est qu'ils s'arrangent toujours pour ne pas être seuls. *Qu'est-ce que j'en ai marre*
Je l'ai dit
Je l'ai écrit
Je le redis
Je le réécris
Maintenant je fais gaffe. *Tu parles !*
Je paie des gens pour les besognes élémentaires et ne mange plus avec eux
J'ai gardé ma première facture de restaurant. *Combien ?* où j'ai mangé tout seul cet été
Je l'ai mise sous verre et la montre à mon fils *non non non* tous les jours
C'est la gravure de mon 68 à moi. On a les 68 qu'on peut

Quand les gens se mettent à avoir une comptabilité derrière les yeux ils deviennent des comptables !

Qu'est-ce que je fais ici, à cette heure, attendant je ne sais quelle sonnerie de téléphone me rendant une voix, quelque part, quelque chose de fraternel, d'insoumis, de propre, de comme ça pour le plaisir, de rien, de larmes j'en ai trop en veux-tu ? de quoi, enfin ? Penses-tu ! Le silence, lui, ne téléphone jamais, et c'est bien comme ça, c'est bien.

La vie ne tient qu'à un petit vaisseau dans le cerveau et qui peut déconner à n'importe quel moment, quand tu fais l'amour, quand tu divagues, quand tu t'emmerdes, quand tu te demandes pourquoi tu t'emmerdes.

Il faudra que je prenne un jour quelque distance et dire à qui voudra mon style de pensée et de vie et de mort et je m'en monterai doucement du fond de l'An dix mille...

Je suis le vieux carter d'une Hispano Suiza

Une première femme : six ans de collage administratif.

Une deuxième femme : dix-huit ans de collage administratif.

Elles ne me voient plus que publiquement, elles savent, elles me connaissent

Moi je ne les vois plus publiquement

Si je les rencontre, alors... alors...

Les rides ça s'apprend petit à petit. Je sais.

La vieillesse c'est une façon de coup de poing dans la gueule

Au-dessus de trente ans, allez... allez vous faire foutre.

Moi, j'ai cent mille ans. C'est pas pareil. Je suis un mort en instance et je vous regarde.

On se demande ce qu'on fout à se multiplier par deux

Deux cœurs deux foies quatre reins... Je suis seul et je pisse quand même.

Le couple ? Voilà l'ennemi ! *Je t'aimais bien, tu sais ?*

Les souvenirs s'empaquètent négativement

La mémoire négative, c'est une façon de se rappeler à l'envers, c'est plus commode

Les ombres passent, un peu grisées

On pense à des gravures pleines de roussures, sans grand talent qui dépasse de l'encre rapportée

Les souvenirs n'ont pas de talent, ils végètent dans un coin du cerveau

Un amas cellulaire qui s'ennuie et qui perd sa charge. Comme une batterie.

La matrice nourricière ? Il y a urgence. Le piment, le vrai, c'est celui qu'on rajoute.

La femme inventée ne déçoit jamais, seulement, il faut tout le

temps en changer. L'invention permanente, tout, les dentelles, le savoir tout en dedans du dedans...
L'érotisme c'est vraiment dans la tête
Et puis, pas tellement que ça...
Une jupe, un cul de hasard et le reste...
Les collants... C'est de la pure imprécation
J'ai besoin de les arracher ces cuirasses fileuses
La femme en collant peut partir à la guerre, comme au moyen âge...

Quelle horreur, quelle défense d'entrer dans le jardin avec des fleurs...
Mener un train d'enfer à une pépée maxi, le long du fleuve, une pépée tout encerclée d'idées reçues. Et pas moyen de lui griffer la chatte
C'est vraiment dégueulasse la moralité publique
L'enfer ? Une façon de voir et de se laisser voyant.

Ni dieu, ni maître, ni Eros, ni collant.

Des bas oui, des bas, avec un peu de cette blancheur qui tend à une géométrie particulière
Un peu de cette blancheur des fois tirée vers le malheur et puis l'angoisse du déjà vu
Du déjà pris
Je sais de toute éternité que tu n'es pas à moi
Rien n'est à moi que l'illusion et encore Je l'invente tellement cette illusion
Quand je la rencontre, l'Illusion, elle m'est déjà ancienne et chiffonnée
Salut ! ma petite Camarade, Salut !

Mes illusions je les arrange, quand je n'ai pas envie de leur parler et de leur dire qu'elles ne sont là que parce que c'est l'usage
Elles deviennent mes souvenirs controuvés
Le moulin de Pescia
Le papier
L'odeur
Ce type empaqueteur
Cette machine à pointer, en bas,
Ce soleil de Mars et cette brume en préface à la belle journée se préparant, se fardant de nuages discrets et prometteurs de belles coulées de ciel dans ce bleu d'aventure et songeant comme change ta vie à chaque instant, à chaque millième de seconde toi, vieillissant au fil de moi maintenant que je pense à toi, t'écrivant, te dictant, t'improvisant aussi comme une musique de messe noire

Ce péage avec ce mec au mois, qui s'en fout,
Caron d'un macadam déroutant, compteur du trouble et de l'ennui
Ces accidents abstraits que je m'invente au hasard des 150 à l'heure
Ce retour dans le bleu et cette façon de ne pas être dans le siècle et tout en y roulant
Cette descente vers les chiens et leurs paroles rassemblées
Cette pintade mise en route et mes fureurs de cuisinier sentant mouiller la casserole et s'attacher à un désespoir ailé
A des oiseaux traqués dans des caisses avides
Et tout ce néant de la merde qui monte à mes babines
Ce code pénal particulier qu'on devrait pouvoir lire en petite notes en bas de page du livre des recettes
Cette soirée après les autres
Cette machine qui tant et tant dactylographe
Ces cris perdus quelque part et que je n'entends pas et qui retrouvent un cœur saignant
Ce pain de seigle qui s'éternise sous la dent dure du couteau scie
Les choses manufacturées qui souffrent à travers celui qui les a machinées
Et ces choses qui souffrent dans l'idée de celui qui les regarde
Ce piano, ma maison ancienne, anciennement la mienne et cette humide honte les touches qui s'étaient décollées et des larmes qui me venaient d'un chagrin de Czerny
De Debussy aussi
Cette horrible femme qui a désossé mon piano en attendant qu'on ne le coupe en deux pour en avoir son dû... La moitié
Mais la moitié de la musique ? La moitié de ma tête ? La moitié du sentiment banni ?
Le code civil distribué en bandes dessinées aux imbéciles inadaptés
Ce parfum de la nuit comme une pièce de piano de Debussy jouée par Gieseking
Cette passion de passionner tout ce qui se passe autour de moi les loups promis
Les gufi
Les araignées dessinées avec leur toile sur ce gadget tire-lire avec son cadavre peint en vert et qui salue
Cette envie de passer vite, très vite et puis quand même m'attarder sur le bestiaire de ma mie
La source et le cloaque
Ça dépend du contexte
Les chiens c'est comme les gens : avec un os Ça grogne.

Ni dieu, ni maître, ni mie, ni bestiaire, ni gens, ni os.

La solitude est une configuration particulière du mec : une large tache d'ombre pour un soleil littéraire
La solitude c'est encore de l'imagination
C'est le bruit d'une machine à écrire
J'aimerais autant écrire sur des oiseaux chantant dans les matins d'hiver
J'ai rendez-vous avec les fantômes de la merde
Les jours de fête, je les maudis, cette façon de sucre d'orge donné à sucer aux pauvres gens, et qui sont d'accord avec ça et on retournera lundi pointer
Je vois des oranges dans ce ciel d'hiver à peine levé
Le soleil, quand ça se lève, ça ne fait même pas de bruit en descendant de son lit ça ne va pas à son bureau, ni traîner Fg Saint-Honoré et quand ça y traîne, dans le Faubourg, tout le monde s'en rengorge. Tu parles ! ni rien de ces choses banales que les hommes font qu'ils soient de la Haute ou qu'ils croupissent dans le syndicat.
Le soleil, quand ça se lève, ça fait drôlement chier les gens qui se couchent tôt le matin
Quant à ceux qui se lèvent, ils portent leur soleil avec eux, dans leur transistor
Le chien dort sous ma machine à écrire. Son soleil, c'est moi
Son soleil ne se couche jamais... Alors il ne dort que d'un œil
C'est pour ça que les loups crient à la lune. Ils se trompent de jour.
Les plantes ? Les putes ? Les voitures
Cette voiture aussi qui débordait... C'était terrible... Qu'est-ce qu'on riait !
Et je rêve aujourd'hui d'une voiture monoplace...
Et ce bois de chauffage qui s'est gelé des tas d'hivers en attendant mon incendie...
Je vous apporterai des animaux sauvés, l'innocence leur dégoulinant des babines ou de leurs yeux...
Je mangerai avec eux, de tout, de rien.
Je boirai avec eux le coup, de l'amitié et puis partirai seul vers un pays barré aux importuns
Presque tous
Je suis un oiseau de la nuit qui mange des souris
Je suis un bateau éventré par un hibou-Bœing
Je suis un pétrolier, pétroleur de guirlandes et de marée plutôt noire comme mes habits, et un peu rouge aussi, comme mon cœur
J'aime
La multitude
La multitude
Les chiens

Les hiboux
Les horreurs

68 / 73 NON STOP

Dans la Cité il y a la fête allez-y. Je t'invite à y boire
A mon malheur, à mes cheveux, à mes parents, à mes avions hiboux
Comme en 747
En 747 Je vous le dis Tous ces rampants iront brouter du fil coutil
Des ténèbres et du sang mijoté dans des endroits particuliers
Dans des endroits comme à la gauche du sacripant dont vous avez décidé que je sois le souteneur patenté, indécis, frivole et centenaire
Les comptes à rendre ne sont jamais à prendre
Je vous rends des comptes que je n'ai jamais eus
Que vous m'avez comptés, dûment, précisément
Les équations sur le grand huit de der ça me fait bien rigoler
Cette chanson qui tant et tant me désespère
Et que je ne vous chanterai jamais
Je n'ai plus de voix pour vous Plus Plus Plus.

68 / 73 NON STOP

Comme un voilier dans les descentes vers le Sud
En autoroute et des voiliers roulant
Foutez-m'en vingt litres, Camarade !
Je descends à la proche banlieue
Celle qui se défait vers le quinzième, You see ?
Cette banlieue de mes défaites et de votre Vertu, Camarades
Allez-y le sang n'est plus de Une le sang des réverbères gauchisants
Dans les aciers de cet Orly où je m'envole
Vers où ?
Devine !
Je sais des vagabonds pleins de sous de sonnaille et qui sonnent dans les soirs tristes de Paris
Quand je m'envole et quand tu assassines ce petit enfant
Cet enfant du malheur auquel je fais des signes
Et puis qui me regarde me mirant dans l'eau verte de ses beaux yeux
Ah la passion des clairs obscurs sur les minuits
Quand nous allions vers les mirages et les bifs de carême
Je suis Perhaps Perhaps Peut-être Magari...
Et toi et Lui et Vous et Elle

Elles... Elles ont toutes une cicatrice qui nous fait des blessures
Elles ont toutes un entre deux sur lequel je dégueule
Partons partons
68 Cette marée rouge et moirée
Le 10 comme un chiffre soumis
Le 10 du mois de Mai de cet An de soixante et huit
Non stop au carrefour T'es dingue et je poursuis une comète
Non stop la tendresse de ces soirs inventés
De ces soirs sans heure sans compagne dans le siècle un peu puant d'étoiles
Non stop sur une bulle comme une idée poignante
J'ai l'invention qu'il faut pour me tirer de vos outrages
L'outrage le plus absolu est cette poignée de main avec dans l'idée une potence
Et le sourire le sourire Camarade
Le sourire c'est de la peur comptée d'avance
Le sourire c'est une prescience d'outre-tombe
C'est un peu la tendresse des insoumis
Ce sourire dis-donc !
Qu'est-ce que le sourire en dedans de la tête comme une ride intelligente ?
Quand les rides ça se met à être intelligent c'est ce qui fait le monde clos.

PAS VRAI, MEC !

FAITES L'AMOUR

Je vous ferais l'amour
Madame qui passez
Madame si tu voulais
On irait à l'hôtel
J'en connais un là-bas
Dans le quartier des chiens
Où l'on n'fait que passer
Où l'on n'fait que passer

Faites l'amour

L'amour c'est un passant
Toujours dans la misère
A scruter les étoiles
A scruter qui sait quoi ?
A se prendre pour qui ?
Je vous demande un peu
A chercher la lumière
Dans des yeux malheureux

Faites l'amour

Moi je te chercherai
La moelle et la fortune
En te deslipant bien
Avant que tu ne sombres
Sur un lit de hasard
J'en connais un là-bas
Dans le quartier des chiens
Où l'on n'fait que passer

Faites l'amour

Je vous ferai l'amour
Madame qui passez

Arrêtez-vous un peu
Et prends-moi dans tes bras
Donne-moi ta salive
Donne-moi ton chiffon
Que j'y regarde un peu
Ton étoile gravée
Comme le christ de Véronique

Faites l'amour

Je vous ferai l'amour
Madame qui passez
Madame si tu voulais
On irait à l'hôtel
J'en connais un là-bas
Dans le quartier des chiens
Où l'on n'fait que passer
Où l'on n'fait que passer

Faites l'amour
Faites l'amour
Faites l'amour
Faites l'amour
Faites l'amour

Où l'on n'fait que passer
Où l'on n'fait que passer

PORNO SONG

Ça vous prend dans les voiles un peu
Et ça vous glace au fond du feu
Déshabille-toi je t'invente
L'amour ça touche pas des rentes
Mon chauffeur te met ma liqueur
Mon mécano te coupe à cœur
Des paquets de rêves-opaline
Une odeur vierge dégouline

L'orgue c'est pour une autre fois
Quand tu gueules moi je te vois
Comme sur les rails avant guerre
La machine fait des manières
Prends-moi Madame en amour-stop
Je t'ouvre et puis je te fais « Hop ! »
Viens que je fasse la machine
Sur ta psycho qui se débine

Ça vous prend dans le fond un peu
Et puis ça monte et c'est le feu
Attends que je t'ouvre la pente
Accroche-moi je prends la rampe
Le prolongement de mon bec
Quand tu l'avales c'est cul sec
La mer en toi c'est l'Atlantique
Et je te traverse en musique

Viens que je sorte mes habits
C'est l'heure où l'assassin jouit
Et tu verras comment je coule
Mon navire dedans ta goule
Ça s'ouvre et ça fait va-et-vient
Viens que je vienne où tu veux bien
Ça vous prend dans la cathédrale
Au moment où sentent les squales

Te lave pas t'es pure assez
Je vous envoie tout mon passé
Viens que je vienne et qu'à toi colle
Cette ferveur que tu racoles
Ton électrique destinée
Se traîne à mes vis platinées
Je te parle comme on s'explique
Quand Mozart nous met en musique

Je t'ai prise sur le pavé
Comme une fleur de la marée
Et je te prends dans ma comète
Avec ton ventre que je jette
Au Labrador on dormira
Avec des rennes dans les bras
Ton coquillage je le perce
Il fait de l'eau et ça me gerce

Les fuseaux brillent à ton poignet
Et je te baise au mois de mai
Ton odeur sent pas la barrique
C'est ta marée qui tient boutique
Tout à l'heure avec tes fuseaux
On baisera à Mexico
Ta crème fauve me maquille
Sur ma bouche meurent les filles

Je te prends dans mon ascenseur
Ma pute « mon enfant ma sœur »
Dans tes yeux je traîne ma ligne
Et dans tes flancs je pique un cygne
Je suis ton bien et ton péché
Tu es mon mal et tu le sais
Ma grappe est blanche et tu la presses
Avec mon ventre dans ta caisse

Et si ton cœur a ses raisons
Ton cul a pourtant des façons
Que ma folie ne comprend pas
Et ma raison te doit bien ça
Et quand tu trafiques tes voiles
Pour le gros temps c'est dans ta cale
Que je me donne à boire un peu
De cet alcool des amoureux

Tu es ma mante religieuse
Mon amante et puis ma veilleuse

C'est de ta rage qui s'étend
De tes dents jusques en dedans
Ton écume qui me fascine
C'est la mer après la machine
Le mauve de ta fleur en sang
Se perd dans la toile du temps

Regarde c'est une oraison
Qui descend droit sur ta maison
Les anges qui font la vaisselle
Ont des diamants sous les aisselles
C'est le bienfait de la machine
La folie qui te dégouline
Et ta main qui baigne dans toi
Me passe l'arc-en-ciel au doigt

Tu es ma seule identité
Dans les bras de ta charité
Dans la galaxie on ira
Avec la mort entre nos bras
La machine jetant ses feux
Y a plus de raison d'être deux
Ton coquillage je l'explique
En y ajoutant la musique

« dodécacophonique, même,
Si tu veux...

Salut ! Belle !

CETTE BLESSURE

Cette blessure
Où meurt la mer comme un chagrin de chair
Où va la vie germer dans le désert
Qui fait de sang la blancheur des berceaux
Qui se referme au marbre du tombeau
Cette blessure d'où je viens

Cette blessure
Où va ma lèvre à l'aube de l'amour
Où bat ta fièvre un peu comme un tambour
D'où part ta vigne en y pressant des doigts
D'où vient le cri le même chaque fois
Cette blessure d'où tu viens

Cette blessure
Qui se referme à l'orée de l'ennui
Comme une cicatrice de la nuit
Et qui n'en finit pas de se rouvrir
Sous des larmes qu'affile le désir

Cette blessure
Comme un soleil sur la mélancolie
Comme un jardin qu'on n'ouvre que la nuit
Comme un parfum qui traîne à la marée
Comme un sourire sur ma destinée
Cette blessure d'où je viens

Cette blessure
Drapée de soie sous son triangle noir
Où vont des géomètres de hasard
Bâtir de rien des chagrins assistés
En y creusant parfois pour le péché
Cette blessure d'où tu viens

Cette blessure
Qu'on voudrait coudre au milieu du désir

Comme une couture sur le plaisir
Qu'on voudrait voir se fermer à jamais
Comme une porte ouverte sur la mort

Cette blessure dont je meurs

LA DAMNATION

Tout ce qui est mal... C'est bon... Alors ?
Tout ce qui est bon... C'est mal... Alors ?

Damne-toi ! damne-toi !

La damnation pour un triangle
Qui s'en va sous ta voix lactée
Géométriquement ressemble
Aux communiants du mois de mai
Avec leurs péchés de principe
Et leurs mains dans les nuits-fusain
A ombrer sous leurs pauvres nippes
Des désirs tachés de frangins

Ils sont damnés... Ils sont damnés...

Leurs voix comme des cathédrales
Chantent des gestes de granit
Et des mosaïques d'étoiles
Arc-en-ciellent leur ciel de lit
Je suis damné pour un pétale
De cette rose qui grandit
Et qui te polenne le châle
Dont tu as revêtu ma nuit

Je suis damné... Je suis damné...

Damne-toi ! damne-toi !

La damnation pour une source
Où coule des grains de velours
Dans ta main et puis dans ta bourse
Comme une monnaie au long cours
Ton désespoir comme une étoile
Assassinée depuis longtemps

Géométriquement s'étoile
A des millions d'années d'amants

Tu es damné... Tu es damné...

Tu m'aimes et c'est pour l'habitude
A t'empaler sur mon sarment
Ma vigne y coule et puis s'élude
En des filaments de serments
Mon suc te remonte à la gorge
Avec son goût d'entre dégoût
C'est l'éternité qui dégorge
Et la mort qui tire son coup

On est damnés, viens ! Viens !
Tout ce qui est mal, c'est bon !
Viens ! Viens !

Damne-toi !
Tout ce qui est bon... c'est mal

Viens ! Viens !

Viens...

Cette terre tout autour de moi
Cette terre qui me guette et qui me fatigue
O cette fatigue de la terre
Je me souviens de tous ces jours, de toutes ces patiences
Je me souviens de vous, de toi et d'Elle
Tu sais, quand elle s'en allait clopinant comme un oiseau
Sans ailes, quand elle s'en allait, la pauvre, et moi derrière,
Comme un paquet de solitude
J'étais seul, tu sais, pendant des jours, des jours
j'étais seul, seul, seul

Elle me donnaît un goût bizarre de la vie
Je me sentais redevenir celui que ma maman
N'avait pas eu le temps de faire
Les mamans n'ont jamais le temps
Empêtrées qu'elles sont dans leurs soucis de linges
Dans leurs soucis de ce je ne sais quoi qui fait leurs
Yeux vides
Ternes
Déjà mourants

Cette terre tout autour de moi
Cette terre O mon amour qui n'était que pour moi

J'étais seul, tu sais

Toi, tu n'étais pas toi et je ne le savais pas
C'était ça l'indignité
Oui, l'indignité

J'ai besoin d'entendre les oiseaux, maintenant,
Les vrais
Dans des vrais bois
Sans rien d'autre que les oiseaux et que les bois

J'irai souvent montant et remontant dans mon souvenir
Pour La trouver toujours clopinant
Toujours elle
Alors que tu n'étais plus toi
Alors que tu n'as jamais été toi

Alors que tu n'as jamais été qu'une ombre
De je ne sais quelle idée que je me faisais
De la tristesse

Tu avais les yeux qui regardaient ailleurs

Adieu

LA MORT DES LOUPS

Les villes sont debout la nuit dans les maisons de l'amour fou
Des appareils marchent tout seuls branchés sur des soleils de volts
Des enfants jouent à l'amour mort dans des ascenseurs accrochés
A d'autres cieux à d'autres vies là-bas sur les trottoirs glacés
Des assassins prennent le temps de mesurer leur vie comptée
Perchés comme des oiseaux de nuit sur leur arme qu'ils vont tirer
Comme on tire une carte alors qu'on sait qu'on est toujours perdant
Dans le matin les coups de feu s'agitent comme des menottes

Les loups les loups

On ne les voit jamais que lorsqu'on les a pris
Alors on voit leurs yeux comme des revolvers
Qui se seraient éteints dans le fond de leurs yeux
Alors on n'a plus peur de ces loups enchaînés
Et on les fait tourner dans des cages inventées
Pour faire tourner les loups devant la société
Des loups endimanchés des loups bien habillés
Des loups qui sont dehors pour enfermer les loups

Je les aime ces loups qui nous tendent leur vie

Les routes sont des chiffres bleus dans la tentation du printemps
Du deux cent vingt à la Centrale A deux cent vingt vers l'hôpital
Des drogués sortent dans la cour faire cent pas avec le vent
Et la Marie dans les poumons ils se vendent pour trois dollars
Des grues qui font le pied de nez aux maisons blêmes mal chaussées
Des magazines cousus de noir ressemblent aux linges de la mort
Les cathédrales de la nuit ont des Cafés au fond des cours
On a flingué deux anges blonds dans un Café de Clignancourt

Les loups les loups

C'est eux toujours les loups qui dérangent la nuit
Qui la font se lever dans le froid du métal
C'est eux qu'on chasse alors qu'il ne tiendrait à rien
A peine un peu d'amour sans le Bien ni le Mal
Mais on les fait dormir au bout d'un téléphone
Qu'on ne décroche pas pour arrêter la mort
Qui vient les visiter la cigarette aux lèvres
Et le rhum à la main tellement elle est bonne

Je les aime ces loups qui nous tendent la patte

On oublie tout et les baisers tombent comme des feuilles mortes
Les amants passent comme l'or dans la mémoire des westerns
Les images s'effacent tôt dans le journal que l'on t'apporte
Et les nouvelles te font mal jusqu'à la page des spectacles
A la Une de ce matin il y a deux loups sans queue ni tête
Ils sont partis dans un panier quelque part dans un pays doux
Où la musique du silence inquiète les hommes et les bêtes
Ce pays d'où l'on ne revient que dans la mémoire des loups

Les loups les loups

Lorsque j'étais enfant j'avais un loup jouet
Un petit loup peluche qui dormait dans mes bras
Et qui me réveillait le matin vers cinq heures
Chaque matin à l'heure où l'on tuait des loups

Je les aime ces loups qui m'ont rendu mon loup

LA MORT

Avec sa faux des quat'saisons
Et du crêpe dans son peignoir
Sur ses échasses de béton
Dans les faubourgs du désespoir

Elle meurt sa mort, la Mort
Elle meurt

Avec ses cordes pour la pluie
A encorder les poitrinaires
Ses poumons de cendre qui prient
Dans la soufflerie des mystères

Elle meurt sa mort, la Mort
Elle meurt

Sur la route des jours heureux
Dans les bielles et dans le courroux
En mettant du noir sur les yeux
Et du sang frais sur les cailloux

Elle meurt sa mort, la Mort
Elle meurt

L'hôpital meublé de ses gens
Dans les salles où dorment les chromes
Avec son fils et ses gants blancs
Dans l'anesthésique royaume

Elle meurt sa mort, la Mort
Elle meurt

Avec le végétal nourri
De son détestable négoce
Avec les rires et les cris
Qui croissent sur toutes ses fosses

On vit sa vie, on vit
On vit

La graine de la joie a grimpé aux matrices
Et le blé n'est pas mûr mon Dieu ce qu'il fait froid !
J'attends sur un plateau ton coloré supplice
Dans un désordre de drapeaux flottant parfois

Je suis en berne Capitaine et l'Ange gueule
Un surprenant désir de ramper à demi
Entre le bleu lavé cri d'azur qui s'esseule
Et les gargouilles qui se courbent dans leurs nids

Capitale du sexe à l'approche lunaire
Les conseillers municipaux de pauvre ciel
Exhumant un or pâle à l'étoile polaire
Et refroidissent pour un temps leur personnel

Ce matin j'ai porté ma raison chez ma tante
Mon cœur en a de trop cette putain l'a vu
J'ai des bandes velpeau qui lui bâchent la fente
Et des croûtes d'amour qu'elle n'a jamais sues

Mon cœur cet esquimau que la pendule honore
Et qui fond peu à peu au tic tac amical
Me fait passer le temps de l'entr'acte et encore...
Au cinéma du ventricule je suis mal

Je suis un vieux Chaplin désossé sous la frime
Un vrai avec des pieds troués par tant de croix
Un clown qui se fait rire à lui seul et sublime
Une envie de pleurer avec n'importe quoi

Je ris au nez des deuils et pleure sous les taxes
Entre un chien à l'étroit et deux francs de crachats
Mes psaumes ratissés ont perdu la syntaxe
Qui va moralisant des vertus qu'on n'a pas

Je chante sur les fils où les oiseaux s'épatent
De serrer leur poitrine à même mes chansons
Et si je perds la boule ils me tendent leurs pattes
Afin de me garder là-haut dans leur maison

Rossignol de mes deux mon archet t'égalise
Et draine sur ta voix un contrepoint fameux
A faire éternuer les cons qui dévalisent
La gamme exténuée en musiquant un peu

L'orgue m'a fait du pied l'autre jour à la messe
Un sacré ripaton... je boite depuis lors
Et mes pas inégaux me font dire qui est-ce ?
« C'est l'amant du silence » a dit le croque-mort

ET DEPUIS CE TEMPS-LA JE CHANTE COMME UN PIED

A MON ENTERREMENT

A mon enterrement j'aurai des chevaux bleus
Des dingues et des Pop aux sabots de guitare
Des chevaux pleins de fleurs des champs dedans leurs yeux
Hennissant des chansons de nuit quand y'en a marre
J'aurai des mômes de passe, ceux que j'ai pas finis
Des filles de douze ans qui gonflent sous l'outrage
Des chinoises des russes des nordiques remplies
Des rues décapitées par des girls de passage

A mon enterrement

Et je ferai l'amour avec le croque-mort
Avec sa tête d'ange et ses dix-huit automnes
Douze pour la vertu et six mourant au port
Quand son navire mouillera comme une aumône
A mon enterrement j'aurai un cœur de fer
Et me suivrai tout seul sur le dernier bitume
Lâchant mon ombre enfin pour me mettre en enfer
Dans le dernier taxi tapinant dans la brume

A mon enterrement

Comme un pendu tout sec perforé de corbeaux
A mon enterrement je gueulerai quand même
J'aurai l'ordinateur facile avec les mots
Des cartes perforées me perforant le thème
Je mettrai en chanson la tristesse du vent
Quand il vient s'affaler sur la gueule des pierres
La nausée de la mer quand revient le jusant
Et qu'il faut de nouveau descendre et puis se taire

A mon enterrement

A mon enterrement je ne veux que des morts
Des rossignols sans voix des chagrins littéraires

Des peintres sans couleurs des acteurs sans décor
Des silences sans bruits des soleils sans lumière
Je veux du noir partout à me crever les yeux
Et n'avoir jamais plus qu'une idée de voyance
Sous l'œil indifférent du regard le plus creux
Dans la dernière métaphore de l'offense

A mon enterrement

L'anarchie est la formulation politique du désespoir. L'anarchie n'est pas un fait de solitaire ; le désespoir non plus. Ce sont les autres qui nous informent sur notre destinée. Ce sont les autres qui nous font, qui nous détruisent. Avec les autres on est un autre. Alors, nous détruisons les autres, et, ce faisant, c'est nous-même que nous détruisons. Cela a été dit ; il importe que cela soit redit. Le Christ, le péché, le malheur, le riche, le pauvre... nous vivons embrigadés par des idées-mots. Nous sommes des conceptuels, des abstraits, rien. Une morale de l'anarchie ne peut se concevoir que dans le refus. C'est en refusant que nous créons. C'est en refusant que nous nous mettons dans une situation d'attente, et le taux d'agressivité que recèle notre prise de position, notre négativité, est la mesure même de l'agressivité inverse : tout est fonction des pôles. Nous sommes de l'électricité consciente ou que nous croyons telle, cela devant nous suffire. Les postulats, les théorèmes, le quid éternel qui est notre condition d'homo curiosus, tout nous porte vers des solutions d'altérité à des problèmes que nous fabriquons. L'énoncé d'un problème est suspect par cela même qu'il s'exprime dans un langage conventionnel. Muller, au siècle dernier, s'inquiétait de savoir pourquoi le passé du verbe to love n'est le passé que dans le suffixe. Loved... et le passé s'étale, dramatique. Ce n'est rien d'entendre dire : love ; c'est un présent qui nous satisfait ou nous informe, simplement. Il suffit que la désinence entre dans le jeu pour que tout change, en dehors même du problème linguistique. Ce d, ce loved suscite immédiatement le regret qui est de la révolte civilisée. Tout un potentiel d'irréversibilité s'inscrit dans cette lettre qui semble conventionnelle et qui n'est que le résultat d'une longue évolution phonétique tendant vers la simplicité, vers la clarté de la parole. La grammaire soumise, il reste cet outil, ce mot faisant du passé, fabriquant une conscience, des pensées, de la mélancolie, de l'histoire. Nous ne savons pas que les conventions, qu'elles soient linguistiques, morales, religieuses, économiques, nous enferment dans le « social » comme une toile invisible qui nous met en situation de faire quelque chose, de penser cette chose comme si de toute évidence elle était une création de notre volonté de faire et de penser, alors que nous sommes la mouche prise, réduite, par une araignée qui nous observe sans nous manger. L'homme est mangé par la société mais il se réinvente perpétuellement, par une sorte de connivence inconsciente qui fait de la victime l'élan vital de son bourreau. Sans crime, point de bourreau, pardi ! Ce sont les juges qui fabriquent les délinquants. Comme le dit Sartre à propos de la trahison, la répression est un crime adventice, un crime au second degré qui ne saurait montrer son visage le premier, c'est pour cela que les sociétés sont répressives : elles tuent par délégation, en second lieu ou mieux, par ricochet. Elles tuent par la Morale, aussi tranchante, mais enfermée et garantie par de la procédure. La procédure est une façon mécanographique de tuer son prochain.

L'histoire de l'Humanité est une statistique de la contrainte. Je ne pense pas, dans nos modes habituels de penser, qu'il puisse y avoir une vie possible sans la contrainte. La Loi, quelle qu'elle soit — fût-elle la plus désintéressée — comprend toujours ce qui est en dehors d'elle, son contraire, l'anti-loi, ce qui est derrière la promulgation. Il y a dans la pensée du législateur des coins d'ombre où mûrissent les activités louches et nécessaires de la jurisprudence. Une loi contre la torture n'est pas une loi complète si elle ne prévoit pas la torture pour qui torture...

« Pour un œil, deux yeux... pour une dent, toute la gueule », disait Lénine, je crois, avec un sens troublant de la métaphysique de la vengeance et de ses intérêts composés...

Ce qui saute aux yeux et à la gorge de l'homme c'est bien cette contrainte sans quoi la société ne pourrait subsister, et c'est bien de subsistance qu'il s'agit. Cette force contraignante qui me fait m'habiller au mieux des canons de la mode contemporaine afin de ne point forcer le rire de ceux qui me regardent, en dit assez long sur l'accoutumance du citoyen à la règle du ça se fait, ça ne se fait pas. Ce qui me hante, c'est la contrainte et pourquoi je m'y donne. Montrez-moi donc un homme dans cet univers du matricule !

La destruction est un ordre inversé. C'est la négation du Bien social que j'analyse dans la grenade amorcée. Qu'est-ce que le Bien social sinon ce qu'aujourd'hui je définis comme étant le Mal, mon Mal, ce Mal qui me baillonne, qui me soumet. Les gonds de la porte sautés, je rentre dans la Cité, des fleurs noires à la main et on me lynche. J'entre avec mon Bien qui devient leur supplice, leur Mal par moi donné. Je suis devenu le diable. La contrainte est cette exonération de principe qui me justifie dans ma prudente obéissance, véritable image du civisme.

J'obéis, sans ordre. J'obéis, parce que membre de cette société je m'ordonne de me taire. Il y a chez tout domestique une heureuse disposition d'esprit qui le fait se plier sans casser jamais. Les images contraignantes me sont projetées jour après jour selon des normes acquises et tellement envahissantes d'admirables techniques que le poste de réception qui me transmet les mots d'ordre est réglé pour le son et pour la juste valeur des points, des lignes, par moi. J'ai cessé de penser par moi. Chez moi, je pense ON. Le JE est défiguré par une grammaire nouvelle qui me désapprend la solitude et le courage, celui qui me met à portée de voix de la vraie vie s'est émasculé. J'ai coupé les plombs à mon courage. Je suis noir. Dehors, si je le sortais indemne, il y a fort à parier qu'on me le rapporterait avec un catalogue de pénalités. Nul droit privé, nul droit public ; ce sont des mots de doctrine. Il n'est qu'un droit : pénal. Rien ne va plus dans l'obligation que je me mets sur le dos en signant au bas du contrat, sans l'assortiment prévu de contraintes pécuniaires, si je ne m'oblige pas. Pourquoi n'assure-t-on pas la contrainte ? Parce que la peine ne peut se garantir. Elle est assumée de toute éternité. J'en suis l'artisan. Si je la révoque, elle se retourne et me gifle. A genoux, je rythme la cadence des coups qu'elle me porte, sous le charme, malgré tout, du délai et de la grâce.

Dans ce Bien, dans ce Mal, je me sens étranger. Je suis un forain de la Morale. Si le Bien est femelle, le Mal laboure. Un troisième sexe m'importe davantage et c'est peut-être cela, l'indifférence. L'indifférent s'est dépossédé de son droit. Il n'invoque plus rien. Il regarde, le cas échéant, il regarde le droit : signal d'alarme, rue barrée, conscience du fait social. Je crois en une relativité juridique dès que j'ai sabordé les postulats fondant la règle de droit. Nous sommes encore des romanistes. Le Code Civil est un traité pratique de droit romain revu par une séquelle révolutionnaire. Nous ne sommes guère loin du sacramentum in rem, de l'in jure cessio, et des formules du très ancien droit qui sanctionnait telle manigance juridique. On a simplement dénigrifié les actions de la loi pour en arriver à cette tartufferie jurisprudentielle qui saute de l'article 1382 à l'article 1384 et qui inclut de la responsabilité dans une arche de béton, s'il le faut. La responsabilité des choses a mis le risque dans la gueule du chien. Le maître mord par procuration, et c'est cela la civilisation du droit : donner une pensée à la matière inerte, mettre l'homme au ras de la chose, le dépersonnaliser au point de transformer ce qu'une morale antique nommait la faute en un risque latent. Le risque c'est de la faute antidatée.

De cette machinerie dont je suis le serf, de cette incessante ingérance de mes viscères, de mon sang, de mes nerfs, de cette prison définitive où l'on m'a mis — moi, mammifère-bipède — je ne me libère que par des mots. Ma pensée, régie par mes humeurs, mon imagination qui se règle sur le déjà fait, le déjà vu, me sont une tromperie supplémentaire. Mon désespoir est un désespoir chimique. Je me meurs de mourir à chaque seconde. Je n'ai de salut que dans le refus, une tromperie de plus mais terriblement suractivante.

Je suis roi de ma douleur et c'est elle qui me soumet. Au fond, la douleur serait un plaisir, n'était la démangeaison qui me la met toujours en épigraphe. Sur le livre de notre vie, un mot plein, signifiant : « Souffre ! ».

Le chien qui crie, un homme qui gueule, rien ne les différencie. Je me sens particulièrement « chien » à mes heures de retrait du monde. D'ailleurs, je prends mes facultés de parole. Je ne me parle jamais. Je me chante. Je me mathématique. Je me nature. Ja parlerai de cette grammaire qui nous a muselés depuis longtemps. Je ne puis supporter la faute d'orthographe. La règle, à ce point ancrée, est au-dessus de la règle. Elle est transcendée, dirait le philosophe... Et la règle se surpassant devient « moi ». La morale, d'où qu'elle émane, est bien près de cette autodictature. Ce ne sont pas les tyrans qui gouvernent. Le monde c'est de l'anarchie tempérée par des règlements de solitaires et quelques barèmes policiers.

La propriété ? C'est le mot qu'il faut changer. Je suis propriétaire de mon droit de revendiquer « cette » propriété, objet de ma convoitise et dont la sanction possessive ne s'en remet qu'à l'argent qu'il me faut pour en devenir le maître, à moins que je n'aie décidé de transgresser l'ordre établi et de m'emparer par la force ou par la ruse d'un bien que je considère, de toute éternité, comme devant m'appartenir. Et ce qui m'appartient, je peux le casser : c'est ça, le droit de propriété, le droit de détruire... ad libitum ! Le droit de propriété sur le Van Gogh que j'ai payé trois cent millions, ça n'est pas celui de le mettre à la banque en attendant les jours maigres, ça n'est pas non plus celui de le regarder tout seul, chez moi, en maugréant ou non sur les façons particulières que le peintre avait d'aller au bordel, le rasoir dans la poche et l'oreille aux aguets... Non, mon véritable droit de propriété sur ce tableau est de pouvoir le brûler, dans ma cheminée, sur un bûcher d'indifférence, avec, dans l'œil et dans cette mémoire imaginée qui ne se trompe guère car les choses tournent en rond, les critiques d'art de l'époque qui n'ont rien vu du génie de Vincent. Or, moi, je vois et je suis devenu seul à « voir » dans cette pyromanie critique !

Je ne vois pas la pâtée de mon chien parce que je ne mange pas « chien ». Ce n'est pas si sûr que ça, d'ailleurs. Dans le confort de mon salaire, de ma « quinzaine », de ma paie, de mes émoluments, de mes honoraires (curieuse façon de multiplier le vocabulaire du fric...) je ne regarde même pas le chien manger. C'est un monde qui m'indiffère. Moi, je suis un homme qui pense et qui mange du sauté de veau, du caviar frais ou du laitage, car le médecin me l'a recommandé. Mais ce système niveleur qui consisterait à me mettre à portée animale, à mesurer l'étendue, le territoire de la faim, de l'hydre jusqu'aux abonnés de la cantine communautaire, à souscrire au garde-manger des mouches tirées à quatre épingles sur la toile d'araignée en me disant : « C'est bien, je " m'araigne ", j'en ai encore pour quatre jours... », cela, jamais, et pourtant... Si je meurs de faim, je broute, je dure, je ne pense plus au manger « chien » ou « homme » mais il importe que je « tienne » parce que la société m'a identifié, elle m'a donné un nom, je suis le fils de quelqu'un. Ce n'est pas un droit, la filiation, c'est un état. Un chien qui vole reçoit un coup de pied. Si je vole un pain, on m'enferme. Mon travail donc me vaut de n'être pas aux fers. Il vaut mieux, des heures durant, planter des clous dans l'imbécile « planning » de la merde prolétarienne que de bayer aux corneilles et, le soir venu, tendre des filets aux « honnêtes » gens et puis aller faire des comptes au commissariat de police. Le contentieux correctionnel que j'évite me fait l'esclave de quelqu'un et, aujourd'hui, d'un être précis : la société anonyme. Je veux dire par là, non pas l'artifice juridique qui met le Capital dans une action cotée en Bourse, mais ces gueules multiples du trottoir et du métro, le Peuple, l'humus sur lequel pousse tous les quatre ou cinq ans ce qu'il est convenu d'appeler le suffrage universel ! Les gens que je ne vois pas n'existent pas. Si je ne suis pas un bandit c'est parce que le Peuple a voté pour qu'on invente le Procureur de la République.

Le peuple c'est le fourrier de la tyrannie.

Une psychanalyse de la patrimonialité commencerait par nommer : le droit se parle. Mon patrimoine ne saurait vaincre jamais les prétentions de l'Etat à me soumettre à ses vues d'expropriation ou l'appréhension d'un voisin arguant d'une servitude de mitoyenneté si je ne produis pas la preuve cadastrale de mon mien. Qu'est-ce que le Mien sinon une convention achetée ? Mon chêne est à moi, mon chêne est centenaire. Une vue plus saine m'indiquerait qu'il est à celui qui l'a planté, au chêne père de la libre nature, au paysage dont il est un point mouvant dans la tempête ou statique dans l'été bleu. Qu'il est à lui-même, enfin ! Mon rein est à moi...

Cette parole qui m'enchaîne au droit patrimonial est une parole de circonstance, une parole admise, écrite au bas de l'acte notarié et transcrite sur le registre des hypothèques, autre certitude d'authenticité. Le mot est lâché : « authentique ». Je m'en remets au parchemin, à l'écriture serve de cette parole inventée par le jeu social.

Nous jouons à nous barricader dans les mots de possession : ma maison, ma femme, mon stylo, ton droit, son chien, Karl Marx n'a pas assez médité sur la conjugaison possessive, la seule à ne jamais craindre les fautes d'orthographe, la conjugaison du mien et du tien. Toute l'Economie Politique repose sur un geste : la main qui livre, la main qui prend. Les théories sont en marge et n'expliquent qu'une certaine psychologie dans la détente de la production. Les macrodécisions ont des doigts d'acier. Le sien reste plus objectif : le sien est une parole d'attente. Le sien est un bien ignoré du bourgeois et en vitrine pour le gangster. En dehors des normes juridiques — et, singulièrement, des contraintes pénales — le sien perd de son objectivité : il peut devenir mien ou tien. C'est dans une telle perspective langagière qu'il convient d'étudier la psychologie du voleur.

Le voleur, sorti du chemin légal, ne prend qu'un bien vacant, et qui est vacant à l'heure de la technique, au moment où l'attirail du fric-frac est mis en œuvre, au moment du « guet » — ce qui est un travail dur et précis, au même titre qu'un travail sur un objet manufacturé. Le voleur ne prend pas « ses » risques. Il assume sa condition de voleur : il a contre lui la loi et pour lui, l'anti-loi c'est-à-dire sa loi propre. Il est significatif que cette loi dite « du milieu » qu'un romantisme sommaire a reléguée dans la mythologie du film policier soit en réalité une façon marginale de dire le droit, aussi, ou plutôt de dire l'antidroit. Dans le cas précis du « du milieu », le code de l'honneur est un code du silence. Celui qui parle, qui se met « à table » est passé de l'autre côté. La trahison lui a servi de support pour rentrer dans le rang. Et le rang, c'est une façon d'attendre les décorations ou le règlement de comptes. Au fond, la trahison est une morale du bien-être social, et le bourgeois trahit par omission.

Sans situation juridique il n'y a pas de droit. Sans mot pour le nommer il n'y a pas d'arbre. Nous faisons nos chaînes : par la règle, par les mots. J'entends par mot — cela va de soi — l'immédiat concept qui me rive au discours intérieur. Sans le mot « arbre », toute une tranche de ma connaissance s'évanouit : je ne vois plus de forêts, je ne sais plus m'y promener, je perds le feu et, perdant le feu, mon sang se fige, je suis perdu à tout jamais. J'entends bien le désespoir me sonner dans la brume de cette constatation. Je ne parle plus. Je ne vois plus les nids, le recommencement total à chaque fois des mêmes vols, des mêmes cris, des mêmes chants. Sans arbre, où se nicheront les oiseaux ? Quand je les vois voler, pourquoi ne puis-je plus penser au mouvement des ailes, à cette géométrie apprise et que je retrouve dans le vol du corbeau, encore que, croissant, il inquiète les données magiques, apprises elles aussi.

Quand je vois un corbeau, je retrouve Poe et, ce faisant, les fiches psychanalytiques de Marie Bonaparte, et je me demande quel est celui des deux qu'il fallait mettre à la question. Le corbeau est devenu, pour moi, un fait littéraire et c'est cela que je nomme le désespoir. Je ne sais plus voir le corvidé. Je vois une forme allusive du destin et sa résonance littéraire ou poétique : trois coups portés à la vitre.

L'anarchie, cela vient du dedans. Il n'y a pas de modèle d'anarchie, aucune définition non plus. Définir, c'est s'avouer vaincu d'avance. Définir, c'est arrêter le train qui roule dans la nuit quand il s'écartèle à l'aiguillage. Autant dire qu'on est pressé d'en finir avec l'intelligence de l'événement. C'est par son inaptitude foncière à ne savoir rien définir que l'homme piaffe dans les remarques et la philosophie. Un train à l'aiguillage, c'est un devoir bien fait, c'est de la route honnêtement vendue à moi, passager, acheteur de cette ligne de nuit qui me conduit à X en passant par l'aiguillage Y, bretelle nécessaire mais dont j'ignore la raison déviationniste. On ne me dévie pas de ma route, on me la rend parfaite et sûre. Moi, je ne pense qu'au bruit d'enfer et la peur m'envahit. Je définis l'aiguillage par rapport à mon problème de solitaire roulant. Si je pense au bloc dispensateur de voie libre, j'y pense en imaginant l'homme aux manettes et à la possibilité d'une fausse manœuvre. Je ne donne pas la définition de l'ingénieur, je ne vois pas la route en coupe où je risquerais de comprendre techniquement la croisée des rails. Je ne sais pas qu'après mon passage — et il est bien question de MON et non pas d'une donnée objective et chiffrée par le trafic — cette soupape se fermera, des bras de fer illuminés de vert se mettront en garde pour laisser glisser vers un point X, mon semblable, ce « prochain » de la gare que j'ai vu naguère sur le quai, hélant un porteur et s'installant dans le train suiveur, à cinq minutes, ce train suiveur qui me court aux fesses — et j'y pense — et qui trouvera la route libre sur ce chiffre de fer tordu, objet de mon ressentiment. Il n'y a pas que moi dans le monde des trains. Et pourtant, c'est cela qui me retire tout à fait du monde à ce moment précis où — contre toute évidence — je me crois seul, fait comme un rat dans ce véhicule qui, au dépôt, n'est jamais qu'une abstraction de plus fuyant dans la nuit. Dans cette solitude du muscle, je ne me connais et ne me reconnais aucun maître, et voilà que je suis contraint de me solidariser avec le rail, le rail de mon inquiétude et le rail des autres, de tous les autres. J'ai le moyen de m'immoler à cette peur et je n'en ai qu'un, immédiat, auquel je n'ose me rapporter : le signal d'alarme, car au-delà de cette poignée que je crois être de sécurité, il y a un tarif de pénalité, ce nivellement de l'autonomie, un simple avis qui me muselle. Ainsi de l'homme en société : il n'ose jamais tirer le signal, garant de sociabilité.

Le mot « seul » est chargé de brume, c'est une parole de réflexion, de lumière réfléchie, noire, à peine valide. C'est dans le « seul » que je me retrouve chaque soir après la pause des travaux journaliers et divertissants. Dans la rue, le solitaire est agréé par l'identique, par le monsieur qui marche au-devant et qui lui réfléchit cette lumière particulière qui fait d'un dos commun, courbé, le propre dos du suiveur, de l'attente. Cette solitude viscérale est à portée de toutes les consciences. Qui n'a dit qu'il se sentait seul dans une foule ? Cliché piteux qui fait de cette foule un creuset de misère mentale. Aussitôt embrigadé, aussitôt muselé, défenestré, tapi dans le lieu commun politique. Il faut des lieux communs aux tyrans qui s'essuient sur le multiple de la sottise. Les tyrans, ce jour, ont beau jeu. Politiquement, la solitude est un non-sens. Il n'y a même pas de quoi faire un solitaire dans l'arsenal démocratique. L'isoloir est une place publique. Cette psychologie du vote secret est un rejet de la confession. On se confesse à un bulletin. L'isoloir, vespasienne sèche, ce couvent du socialisme à l'heure apéritive... J'enrage à la pensée que des hommes acceptent de s'isoler administrativement autrement que pour uriner. La souveraineté nationale à ce point traquée dans un cabinet municipal, cela monte du fond de mon cœur comme une nausée de principe. Les idées qui sentent, je ne sais rien de plus définitif dans notre condition de Peuple-Roi.

ANNEXE

Toi toi toi comme un chapelet de la perdition tu es la merde en marche mais la merde habillée bien bien tout ce qu'il y a de bien La critique ne t'embarrasse pas Tu pioches tu pioches dans tes souvenirs toujours un peu mouillés Tu es vraiment ce qu'il est admis de dire une salope une vraie avec un pignon sur la tronche Toi les bistrots ça t'intéresse et ça intéresse le bistrot bien sûr Tu te cachais il y a longtemps et tu faisais déjà des comptes Tu vois tu ressembles à n'importe qui alors je peux y aller pas vrai ? Je ne dis pas ton nom Mon chien l'a oublié Tu parles ! Quand un chien ça oublie c'est vraiment la fin des convenances l'arbitraire c'est le garde fou des ordures Tu es une ordure Je ne trouve pas de mot plus ordurier que ton mot à toi le plus profond ce mot que déjà tu devais proférer dans le cul de ta mère la haine la haine construite délimitée pour pas qu'on y entre en même temps que toi Tu aimes bien être seule dans la haine Ça te console de l'amour introuvé Tu as des hectares de haine et tu les regardes Tu t'y regardes aussi et ça pousse La haine c'est ton miroir Ton turf Ta joie Ton machinchose Tu as une paire d'ovaires comme d'autres ont une paire de valets Par les As et par le Pique Et tu triches Et ça pue Et tout le monde le sait Quand tu marches la rue a mal au cœur Sans blague tu fais dégueuler la rue la rue de ta haine et de ton djob Et quand la rue ça dégueule c'est un peu comme Saïgon débordée Dans tes connaissances il te manque la Mort Mais ça va venir Non pas la Mort sereine Celle avec qui ont peut causer Non celle-là elle ne veut pas de toi Mais la fausse Mort la Fantoche la celle en Jean et en couleur de caca côté cour des fois qu'on aurait besoin d'aller au refile Dans cette maladroite galaxie a long time ago Quand j'ai eu l'occasion de te connaître Tu étais une vipère habillée en lézard et ça va pourtant pas ensemble ces deux clientes-là Mais toi tu avais la manière le Talent en quelque sorte Tu rampais dans ta tête Alors forcément ces demoiselles ça les impressionnait Et un jour tu piqua la vipère Et Oui Et tu fis tuer le lézard Et Oui Et depuis tu perpétues la race des empoisonneuses

Si je te rencontrais un jour
Dans cette lointaine Galaxie
Où j'ai eu l'occasion de te connaître
Je changerais illico de Comète
Ça t'apprendra à faire la Comète
Comme d'autres font le trottoir

Dans cette Galaxie lointaine
Je tacherai alors de trouver une vipère
A ta Mesure
Une de celles qui n'ont pas froid dans ce siècle alscons
Une de celles qui s'habillent en Lézard
Alors tu seras confondue
Et tu te confondras avec la vipère
Et tu iras boire un verre avec elle
Dans la galaxot d'à côté
Et tu coucheras perhaps avec elle aussi
Si tu es encore valide
Et puis la nuit venue

car il fera très nuit toujours dans cette Galaxitée Ta petite copine froide et glissante et enroulée à ta chaîne Comme un chiffre soumis Alors cette petite chose te rentrera dans le ventre et elle trichera avec ta quinte floche Eh ! Conne !

Quand tu t'engalaxotisais dans cette Galaxomanie *a very long long time ago* tu t'embarquais dans la moins ixième dimension

C'est cela qu'on appelle l'univers comme une bulle de savon

Tu es vraiment le *nothing* du *nothing*

il niente del niente

Faut l'faire

Salope

SALOPE

Je te voyais, toi, tout à l'heure, en arrivant
Comme un mannequin d'asphalte et tu t'écartais
Dans la rue un moment tu m'appelais mon quoi ?
Et je te persécute et je te peins d'horreur
Douce comme une patte de tigresse emmenée à l'hosto
Donne-lui une bouteille, dit mon père
Et puis je m'en allais par les chemins Verlaine
Son bâton dans ta fente à nourrir des bobines d'aigreur

Salope salope

Ce mot sonne bien il te va comme une capote russe
Tu es le contraire de quoi ?
De la vie de l'Espoir de tout ce qui fait miennes
Les raisons de pratiquer l'adolescence
J'ai pris du moins dans l'âge à partir de ton moins
Tu es la négation du rien le malaise du Mal
Le mal au cœur des fleurs des champs quand le crépuscule pourrit

Salope vraiment *Salope*

Ton avoine ça sent l'oseille des vagabonds transis
Tu mangerais sur la Mort si la Mort te voulait
Même pas Tu pourris avant l'heure
Mais tu pourris debout parfumée à Diorella
I suppose !

Salope salope
Et c'est peu de le dire
Salope
Faut y'aller pour y croire
Comme Saint-Thome dans les canalisations Christines...
Et encore...
Faut être Cerné-Machine

Salope
Rien qu'à te regarder
Faut croire qu'on bigle vachement
Salope salope
Et c'est rien de le dire
Faut vraiment y'aller voir
Tu es le maxi dans le mini
Ça te rappelle quelque chose ?
Dis-donc, la mouise... Et ce Christ dans le fond de la nuit qui s'éblouit Beauté

Il y a des femmes qui travaillent à l'usine
Il y en a qui travaillent dans la rue
Et c'est pas forcément les mêmes
Mais elles vendent quelque chose pour bouffer... la main, le cul...
Faut y'aller aussi pour pleurer...
Toi tu travailles dans l'expectative
Tu attends, comme l'araignée... à cela près que l'araignée avant d'attendre fait sa toile
Toi tu serais plutôt une araignée abstraite
IBM pas forcément
Et pas forcément *TCRP* ni *MLF* non plus
Misogyne c'est aussi difficile à écrire que gynécologue
C'est un malentendu bougrement original, l'amour, pas vrai ?

Une deux ! Une deux ! Une deux !

LE CHIEN, tu connais ?

L'AMOUR EST DANS L'ESCALIER

Dis-moi consbiche, t'en as bouffé des songes
Des parfums des idées de la musique avec
Et puis de ce remords littéraire et qui ronge
Ces Artistes malins qui vont claquer le bec

Dis-moi consbiche, tu l'as vu se courber
Ton amant et ton cleps ta ferveur et ta bile
Quand tu lui cuisinais des repas de valet
Quand sur la rue plissaient les néons de la ville

Dis-moi consbiche, où l'as-tu arnaqué ?
Tu revenais de suite, le whisky dans le derche
La syllabe à la bouche... comprenne qui pouvait
Et puis ce parler gras qui ne pesait pas lerche

Dis-moi consbiche, t'en auras du grisbi
Pour tes vieilles soirées dorées dans la misère
Les parfums de la nuit montant de ton gourbi
Ton derrière grimé aura perdu l'affaire

L'amour est dans l'escalier
Il faudrait bien le nettoyer...

Quoi donc ?

Mais, *l'escalier,* voyons !

LE MIRAGE

Cette année 68 où comme tu le clames
Je me suis élancé la tête la dernière
Qui mais quelle tête ! Y avez-vous songé, Madame ?
Cette année 68 c'était bien la dernière

Que reste-t-il sous ton chagrin et sous tes rides ?
Sous ta peau caressée par un amant de passe ?
Sous tes cheveux truqués de cocardes livides
Dans le fond de tes yeux mironton et où passe

Le mirage... le mirage...

Une équation passée au crible du mystère
Cette vie impotente où te pleuvent des fastes
Ces combinaisons blêmes où sèchent tes affaires
Ce parfum des années enfuies qui te dévaste

Cette année 68 où j'ai lancé ma boule
Ce jeu de Société qui m'a rendu farouche
Cette jeunesse qui me traîne à elle et roule
Ces paroles des yeux s'ouvrant comme des bouches

Que reste-t-il sous ton vernis et sous ton rôle
Sous ta tête en allée vers des hochements tristes
Sous ton ventre fermé sous tes maigres épaules
Dans tes mains mathémates et qui comptent et qui pistent

Le mirage... le mirage...

Et la mort empruntée avec tous ses paquets
Ne voudra pas de toi pour son dernier voyage
Tu mettras de côté des bouts d'éternité
Je ne pairai plus rien pas même tes mirages

Tu pourras plus crever
Tu resteras indemne

Le Chemin d'Enfer

I Je ne sais pas l'an que je viens de vivre
Dans la feuille morte où vient de passer
Toute la nervure née d'âme du givre

Tout le délaissé et tout ce bâillé
Je ne sais pas l'heure et l'heure me tire
Comme tire au bord de la vérité

Si pour le meilleur j'ai laissé le pire
Le pire m'a mis le meilleur du cœur
La muselle aux fers et tout cet empire

De désirs mineurs et de beaux malheurs
Justice sera faite au bas de la carte
Où mon Astrolabe a vêtu ma peur

Cette ~~[illegible]~~ peur prescrite il faut ~~qu'elle parte~~ qu'elle écarte

Le frein de l'ordre au mieux des raisons
Réclament son dû et puis qu'elle parte
~~Accrocher mon œil~~
Accrocher mon œil à l'œil du pardon
Parmi un bruit d'âme liminaire
Je sens dans le creux de nos oraisons

Le parfum issu d'un brin de bruyère
Comme d'un automne à peine effacé
Quand l'hiver se range au bord des rivières
et que des prairies coulent [illegible]
~~[illegible]~~ [illegible]
Dans le feu dormant rose des contraintes
Je songe que sommeille un désir glacé

Tout avoir la brûler et même la plainte
Qui ne s'échappe comme un ~~[illegible]~~ sang descend
De le cheval [illegible] qu'on circonscrit

Sur le long chemin que la mort suspend
Cette plainte-là comme un diadème
Ceint sa tête un peu d'étoiles de sang

Une toute éternité c'est dans le thème
Que la nature doit traduire au moins
De la fidélité et de son dilemme

Vivre sur l'horrible ~~ou bien~~ un refus [illegible]
De la magnifique effeuillée (~~[illegible]~~)
« Je t'aime » c'est du meurtre à petit feu

Ô Nietzsche ~~[illegible]~~
~~[illegible]~~

Ô Nietzsche ~~[illegible]~~ [illegible] hésitant de Turin
Ce bizarre roulant dans le fantastique
Une folle te prenant par la main

J'entends dans la rue une hypomusique
Ô Nietzsche l'entends-tu ? C'est du chagrin
Avec le mors au cœur, c'est une clique

Et ces tambours voilés frappent le temps
Sur le pavé des cours et de la gloire
Avec des cheveux de remémoration

Avec des cheveux d'ivoire noire
Mêlant sur la mort le souvenir aux dents
Les dents comme des totems dans la mémoire

~~Je suis la flibuste aux échos~~

(Je suis la flibuste aux échos funèbres)

— J'ai vu dans le crâne d'immuables idées

— Je suis la flibuste aux cachots [illegible]

Je suis le [illegible] dans grappes de raisins
Le millième un ~~esprit~~ [illegible] de [illegible]
Les [illegible] de ~~[illegible]~~ [illegible] ([illegible]) [illegible]
~~[illegible]~~ [illegible] jour
Sur le chemin d'enfer se [illegible] mené
Aux [illegible] [illegible] aux tambours
[illegible] lui n'ont jamais l'âme [illegible]

~~[illegible]~~

Or j'allais par les champs, l'Épouvantail
Me fit des signes quand j'allais droit à l'ombre
Comme insecte en [illegible] sur un soleil

J'ai vu l'œil d'un corbeau [illegible], sombre
~~[illegible]~~
Et m'étonnai qu'un si pauvre ~~[illegible]~~ [illegible]
En croix noué pût remplacer le nombre

Eh ! corbeau me dis-tu de ma trogne !
Je n'ai pas d'yeux ~~[illegible]~~
mais les oiseaux me voient

Oui : mon ombre, pends-tu de ma trogne
Je n'ai pas d'yeux mais le monde me voit
(~~[illegible]~~)

L'éclipse [illegible] avec le [illegible]
[illegible] la [illegible] sur la [illegible]
Ils [illegible] cherchent le train pour se [illegible]
(flâner)

Comment t'appelles-tu, frisson des [illegible]
Je m'appelle l'Ennui, ~~[illegible]~~ de mon [illegible]
Je contrôle la nuit [illegible] ~~[illegible]~~
(~~[illegible]~~)

Je fais le zéro puis le [illegible] noirs
~~[illegible]~~
Je suis un être éternel qui se [illegible]
~~[illegible]~~
Une professeur qui fait des devoirs

Un jardin ~~[illegible]~~ où la rose n'a ~~[illegible]~~ pour l'âme
Mais l'épine en été ~~[illegible]~~ s'en aller
Les soirs de Mai [illegible] la rose l'enflamme

Je suis une vieille maison désespérée
une tête d'oiseau dieu
~~[illegible]~~
~~[illegible]~~
~~[illegible]~~

Je suis un vieux poisson désespéré
une tête d'oiseau dans une femme
Avec ~~les becs~~ montrés dans son miroir volé

J'ai vu dans le creux d'une [illegible] idée
Avec les claquedents de lune indécents
~~J'ai vu dans l'horizon~~
en piétinant les sardines policées

J'ai vu la mathématique du dieu
Depuis tu vas dormir pour toi je [illegible]
Le bonheur de la nuit perdu devant

~~[illegible]~~
~~L'ennui [illegible]~~
~~Et [illegible]~~

Avec le jour de bout comme un [illegible]

LA SORGUE

Je suis le tapin de la lune
Sur le macadam à Greenwitch
Et mes jupons troués de lunes
Se retroussent devant l'anglich

Je suis la copine à radar
Ce curieux ce flic ce voyeur
Et chaque fois qu'il est de quart
Je me mets à poil sans pudeur

Je suis la plage d'océan
Où je compte des grains de sable
Que je refile à un marchand
En société avec le diable

Je suis la gomme à effacer
Les gratte-ciel au crépuscule
Et le buvard qui vient sécher
Les mains moites des funambules

Je suis la couche du soleil
Qui ferme ses yeux dans mes mains
Chaque soir en grand appareil
Avec des étoile(s) à mon sein

Je suis la voûte impénétrable
Des oiseaux fous volant de nuit
Et qui picorent à ma table
Des logarithme(s) et du défi

Je suis le jour des yeux crevés
Et qui regardent en dedans
Des couleurs à réinventer
Que ne voient jamais les voyants

Je suis l'orgue des anonymes
Qui me pelotent de leurs doigts
Avec des cris d'amour sublimes
Qui me jaillissent malgré moi

Je suis la femme du soldat
Sur un châlit de paille rêche
Qu'il prend perhaps pour de la soie
Tellement mes rêves le lèchent

Je suis la lame du bandit
Que le crime paie quelquefois
Et quand on parle de minuit
C'est en plein milieu de chez moi

Je suis la soie du condamné
Comme une araignée je déroule
La toile du remords et fais
Qu'au petit jour il perd la boule

Je suis la graine d'hôpital
Qui pousse des fleurs mécaniques
Pétales d'aube et de bocal
Où baignent mes nuits romantiques

Je suis la raison d'espérer
De l'anarchiste et du poète
Et je tiens leurs idées au frais
En attendant qu'on les arrête

TABLE

Les albatros 144
Allende 203
Les amants tristes 100
A mon enterrement. 309
L'amour dans l'escalier 325
L'amour fou 76
L'amour n'a pas d'âge 266
Amria 233
Anarchie est la formulation politique du désespoir 311
Les anarchistes 124
Des armes 61
Les artistes 155
Avec le temps 165
A vendre 130
La banlieue 87
Basta 280
Beau saxo 191
Le bonheur 71
Les bonnes manières 185
La Boutique 183
Ça s'lève à l'Est 134
C'est extra 225
C'est fantastique, non ? 271
C'est la vie 107
C'est l'printemps 149
C'est un air 187
Cette blessure 300
Cette terre 304

La chanson des amants . . . 227
Le chemin d'enfer . . . 50
Le chien . . . 32
Christie . . . 97
Comme une fille . . . 64
Conditionnel de variétés . . . 222
Death... Death... Death . . . 36
Demain . . . 140
Dans les « night » . . . 229
En faisant l'amour . . . 96
L'enfance . . . 181
L'espoir . . . 207
L'été 68 . . . 65
Les étrangers . . . 210
Faites l'amour . . . 295
F.L.B. . . . 119
La fleur de l'âge . . . 85
Fleuve d'or . . . 277
La folie . . . 129
Franco la muerte . . . 201
La frime . . . 161
Les gares et les ports . . . 259
La gitane . . . 234
Graine de la joie . . . 308
La grève . . . 253
L'idole . . . 189
I have a Rendez-vous avec the wind . . . 111
Il est six heures ici et midi à New York . . . 156
Il n'y a plus rien . . . 212
Ils ont voté . . . 255
La jalousie . . . 92
Je t'aimais bien tu sais . . . 90
Je t'aime . . . 142
Je te donne . . . 82
Je t'huilerai . . . 276
La langue française . . . 238
La lettre . . . 94
Le lit . . . 278
Le loup . . . 53
Love . . . 80
Le mal . . . 89

Le manque 249
Le marché du poète 173
La marseillaise 66
Mathieusalem 48
Le mauve de tes yeux 267
Ma vie est un slalom 72
La mélancolie 105
La mémoire et la mer 117
Le mirage 326
Mister Giorgina 171
Mon piano 196
La mort 307
La mort des loups 305
Les musiciens 193
Muss es sein es muss sein 194
Des mots 273
Ni dieu ni maître 123
Night and day 236
La nostalgie 199
La nuit 251
Les oiseaux du malheur 143
On n'est pas des saints 146
L'oppression 197
Paris, je ne t'aime plus 62
Paris-spleen 242
Peille 208
Pépée 109
Petite 231
Plus jamais 163
La poésie 126
Les pop 247
Porno song 297
Le printemps des poètes 56
Quand je fumerai autre chose que des Celtiques 235
Quand j'étais môme 177
Quatier latin 240
Requiem 110
Les retraités 153
Richard 244
Les romantiques 246
Rotterdam 121

Salope . . . 323
Salut, beatnik ! . . . 68
Sans façons. . . . 257
Si tu veux tu es neuve . . . 269
La solitude . . . 74
La Sorgue . . . 333
Les souvenirs . . . 167
Le superlatif . . . 132
Sur la scène . . . 169
T'as d'beaux yeux, tu sais ? . . . 151
Technique de l'exil . . . 9
T'es chouette . . . 224
Testament phonographe . . . 21
La « the nana » . . . 83
Toi toi toi . . . 321
Ton style . . . 78
La tristesse . . . 69
Tu ne dis jamais rien . . . 264
Tu penses à quoi ?. . . . 262
Un coup de vent . . . 136
Un jean's ou deux... aujourd'hui ! . . . 138
La vie est louche. . . . 158
La vieille pèlerine . . . 179
La violence et l'ennui . . . 57
Words... words... words... . . . 205

Imprimé en France sur Presse Offset par

BRODARD & TAUPIN

GROUPE CPI

La Flèche (Sarthe), 8875
N° d'édition : 3296
Dépôt légal : septembre 2001